मेघ ओ.. मेघ

कालिदास रचित मेघदूतम् पर आधारित

अशोक बैरागी

क्रम-सूची

समर्पण

अपने पूर्वजों की यश कीर्ति के चरण में, अनुवाद-परक पुष्पांजलि

* श्री समन सिंह 'समनेश'

जो महाराजा अजीत सिंह तथा महाराजा जय सिंह के मुहासिब रहे। जिन्हें राज्य सम्मान में 'सिंह का लकब' दिया गया। जिन्होंने तत्कालीन युवराज विश्वनाथ सिंह जू देव के पठन -पाठन के लिए 'पिंगल-काव्य-विभूषण' की रचना की।

* श्री गोपाल दत्त 'गोपाल'

जो महाराजा विश्वनाथ सिंह के दरबारी कवि के साथ साथ मीर-मुंशी रहे। जिन्होंने 'शृंगार-पचीसी' एवम् 'काव्य मंजरी' की रचना की।

* श्री बख्शी कामता प्रसाद

जो माजराजा रघुराज सिंह के राज-काल में मीर-मुंशी रहे। जिन्हें महाराजा द्वारा 'कलमदान' भेंट करते हुए 'बख्शी' की उपाधि प्रदान की गई।

* श्री बख्शी हनुमान प्रसाद

जो रीवा राज्य के नायब दीवान, सेटलमेंट अफ़सर रहे। जिन्होंने 'साहित्य-सरोज' लक्षण ग्रंथ की रचना की।

* श्री बख्शी महावीर प्रसाद

जो रीवा राज्य के सम्मानित दरबारी रहे। जिन्होंने 'मिर्चावली' खंड काव्य व फुटकल कवित्तों की रचना की।

- श्री बख्शी लक्ष्मण प्रसाद

परम-पूज्य स्व० पिता, जिनकी कृपा से इस वंश-बेल में... मैं हूँ।

भूमिका

कुछ अंतस् की...

जहां तक मेरी अपनी स्वयं की अवधारणा है कि - कवि मानव समाज में सृष्टि का सौंदर्य दर्शक यंत्र है। उसके द्वारा सहृदय रसिक जनों को सृष्टि का अंतस् एवं बाह्य सौंदर्य दिखाई पड़ता है। कवि अपने मानस जगत में सृष्टि का उपभोग करता है... और जब वह उन्मुक्त हो जाता है... तब उसके 'प्रलाप' के रूप में उसकी उन्मत्ता फूट पड़ती है - यही अंतस् प्रलाप है... यही वो काव्य है जो, अंतस् रस में रचा बसा रस के नौ रंगों की व्युत्पत्ति कर - युग... समाज... राष्ट्र की विचार धारा को नवीन गति प्रदान करता है... इक नये आयाम की शुरुआत करता है।

दो सहस्राब्दियों से भी अधिक समय से पूर्व (लगभग ७०-७५ वर्ष ईसा पूर्व) कालिदास, उनकी अप्रतिम कल्पनायों में से एक... साकार विरह वेदना... 'मेघदूतम्' कहीं न कहीं मेरी उपर्युक्त अवधारण को बल देती प्रतीत होती है।

काव्यानुवाद के रूप में 'मेघ ओ मेघ' आपके हाँथों में है - फिर भी मुझे विश्वास नहीं होता... इस प्रस्तुतीकरण के पीछे मैं... स्वयं हूँ। बहुत बामुश्किल है... अपने मन के भावों का प्रकटीकरण। सच है... यथार्थ की सच्चाई से दूर रहकर कवि, हृदय का निवासी कभी नहीं हो सकता - कभी तत्ववेता भी तो नहीं है। क्योंकि, तत्ववेता मस्तिष्क का निवासी होता है... जबकि कवि हृदय का। त्रिगुणात्मक सृष्टि का केंद्र स्थल हृदय ही तो है... उसमें सच... यथार्थ के अलावा कुछ नहीं होना चाहिए। उस यथार्थ का प्राकट्य ही कवि के सरल हृदय का परिचायक है। आइये... इस कृति के ओट में खड़े... उनके चर्चा करें, जिनकी प्रेरणा और कृपा से यह दुरूह कार्य सहज संभावित हो सका। मुझे पूर्ण विश्वास है - अपने सरल... सुबोध स्वरूप में यह कृति कालिदास की उस अप्रतिम विरह कल्पना का यथार्थ-बोध आम पाठक को कराने में सक्षम होगी।

हाँ तो, बात है 'मेघ ओ मेघ' की... प्रस्तुत पुस्तक की- यह प्रसंग वर्ष १९८७-८८ का है... सचमुच, उसे एक सुखद संयोग ही कहा जाना चाहिए, जब स्व० प० मदनमोहन मिश्रा जी (खलगा, उपरहटी) ने मुझसे कहा कि, महाकवि कालिदास कृत 'मेघदूतम्' का मैं हिन्दी भाषा (जन भाषा) में काव्यानुवाद कर डालूँ... बात आयी और गई। मैं अपने भीतर वो साहस... धैर्य... नहीं जुटा पा रहा था, जिसकी आवश्यकता काव्यानुवाद के लिये अनिवार्य है। स्व० मिश्र जी का मेरे प्रति विश्वास... उनकी दृढ़ता... मौक़ा-बे-मौक़ा उनका आग्रह (निर्देश) मेरे आड़े आ रहा था, मैं भीतर ही भीतर इस कार्य के लिये स्वयं को बौना महसूस कर रहा था। अंततोगत्वा एक दिन अपने मन की हिचकिचाहट उनसे प्रकट की, "चाचा... कालिदास... और फिर मेघदूतम्... संस्कृत भाषा... पढ़ना और उससे आनंद उठाना और बात है... महाकवि की कल्पना तक अपनी पैठ बनाना एक अलग बात है - शायद ये सब मेरे वश का नहीं।" इसके बावजूद स्व० मिश्र जी का दृढ़ विश्वास जीता - उन्होंने मेघदूतम् पुस्तक उपलब्ध करायी, कहा गया कि, 'मैं इसे पढ़ डालूँ - मैंने पुस्तक का सांगोपांग अध्यन किया... फिर भी मेरा साहस डांवाडोल रहा। यहाँ... मिश्र जी की दृढ़ता... उनकी बहुमुखी प्रतिभा... उनके पाण्डित्य ने, फिर विजय हासिल की।

महाकवि कालिदास के मेघदूतम् के एक-एक छन्द की उनके द्वारा कि गई गूढ़ विवेचना... विस्तत वर्णन... का जो अमिय, मुझे उनसे मिला, उससे मेरी मन की कल्पना को विचरण के लिए जैसे, समूचा आकाश मिल गया। शब्दों के पखेरू मिश्र जी द्वारा की गई विवेचना के आधार पंख लगाये, कल्पना की ऊँचाई कि अनुभूति भरने लगे... सब कुछ सहज लगने लगा। स्व० मिश्र जी द्वारा की गई विवेचना... छन्द बोध के भाव को लिए, मैं रात-रात भर... कभी-कभी कई दिनों तक मन ही मन में गुनता - बुनता रहता। कल्पना के पखेरुओं को कविता की नीड़ मिलते ही... उसमें श्री मिश्र जी को प्रवेश कराने की चेष्टा करता - मिश्र जी द्वारा उस काव्य नीड़ में कुछ तिनके जोड़े जाते, तो कभी कुछ हटाये जाते। एक लंबा क्रम चला... लगभग छः माह की एकाग्रता ने उस काव्य-नीड़ में छत डाली। न जाने क्यों, मुझे संतुष्टि न थी... जन - जन लायक़ भाषा बोध न था -

भाषा में जटिलता थी। इसके बाद यही कबीर दास जी के शब्दों में कहूँ तो, "ज्यों की त्यों धर दीन्ही चदरिया।"

नब्बे का दशक बीत गया - इसी बीच श्री मिश्र जी का स्वर्गारोहण हो गया। इसके साथ ही मुझे अपने कर्तव्य का बोध हुआ - क़रीब दो वर्ष का समय लगा कविताओं को वर्तमान रूप देने में - इतना ज़्यादा समय मेरी अपनी निजी व्यस्तताओं के कारण लगा। सहसा यह कृति मेरे ज्येष्ठ पुत्र अक्षुण्ण के हाँथ लगी, उसके पढ़ा - मुझसे जानना चाहा... कालिदास... मेघदूतम् और रचनाकृति के बारे में। मैंने पुस्तक का रचनाक्रम से संबद्ध... घटनाक्रम की उससे चर्चा की। अक्षुण्ण का कहना था, "पापा इसे प्रकाशित कराइए - यह स्व० मिश्र जी (बाबा) के प्रति आपका दायित्व है।" बात भीतर तक साल गई।

एक बार फिर रचनाओं में काट - छाँट हुई - अक्षुण्ण ने कंप्यूटर पर लिपिबद्ध कर... पुत्र के कर्तव्य को निभाया - प्रद्युम्न जड़िया... जैसे मित्रों का मानसिक संबल मिला - आज वो कृति पुस्तक के रूप में आपके हाँथ में है।

हाँ... एक विनम्र आभार और... डॉ० (श्रीमती) विनोद तिवारी के प्रति - एक कवि होने के नाते उनका स्नेह मुझ पर है ही... कहीं उससे ज़्यादा स्नेह मुझ पर पुत्रवत् है। डॉ० सुधाकर तिवारी (उनके पति) ने मुझे हिन्दी पढ़ाया है - प्रारंभ से ही उन दोनों के प्रति मेरी अगाध श्रद्धा रही है... मैंने डॉ० (श्रीमती) विनोद तिवारी से पुस्तक की भूमिका लिखने के लिए निवेदन किया। उन्होंने मेरा मानसिक संबल बढ़ाते हुए यह दायित्व सहज... सहर्ष स्वीकारा - मैं उनकी विद्वता... सहजता का हमेशा प्रशंसक रहा हूँ - इस कृपा के लिए... मैं सदा हृदय से उनका आभारी रहूँगा।

अशोक बैरागी

जे पी रोड, दुआरी

रीवा (म० प्र०)

पारंपरिक अनुवादों से अलग: मेघ ओ मेघ

रचनाकार के लिये कृति का सफल अनुवाद करना बहुत मुश्किल कर्म है। आज संस्कृत और दक्षिण को समझना सांस्कृतिक एकता और साहित्यिक समझ के लिए बहुत आवश्यक है। अच्छे अनुवादक मिल पाना भी बहुत कठिन है। अक्सर होता यह है कि कृतियों के अनुवाद अर्थमुक्त शाब्दिक होते हैं, उनमे वह भाव - भूमि, वह संवेदना नहीं होती, जो कृति के मूल रचनाकार में होता है।

भावत्मक आवेग और अनुभूति की तीव्रता के बगैर अच्छा अनुवाद हो पाना मुश्किल है। मेघदूतम् पर आधारित 'मेघ ओ मेघ' यह कृति मेरे सामने है। अशोक बैरागी का परिश्रम और भावात्मक आवेग इस अनुवादित कृति में मैंने देखा। रचनाकार एक कवि है, इसलिए उसने मेघदूत को सहज बोध बनाने की पूरी कोशिश की है।

महाकवि कालिदास के मेघदूतम् महाकाव्य की कथा संस्कृति, आस्था, भक्ति, प्रेम और प्रकृति को साकार रूप देती है। धनकुबेर के शाप से, शापित यक्ष की विग्रह - कथा लिखने की यहाँ मैं आवश्यकता नहीं अनुभव नहीं करती, क्योंकि बुद्धिजीवी और रचनाकार इससे अनभिज्ञ नहीं हैं। सवाल है उन तथ्यों को काव्यात्मक रूप में सामने लाना, जहाँ से मेघदूत की अनुभूति को समझा जा सके।

'मेघदूतम्' किसी महान पुरुष या पराक्रमी राजा की कथा नहीं है - किसी इतिहास काल का लेखा-जोखा, समाज व्यवस्था भी यहाँ नहीं है... यह समूचे राष्ट्र की सांस्कृतिक एकता, भक्ति चेतना एवं भौगोलिक परिक्रमा की अभिव्यक्ति है। इसमें मानव जीवन के आवेगात्मक अनुभवों के प्रतिबिम्ब हैं। यहाँ प्रेम और भक्ति के मध्य तादात्म्य स्थापना का ऐसा भाव है, जहाँ मानव मन सहज रूप डूबता उतरता है।

'मेघदूतम्' की कलात्मक अनुभूति को अशोक बैरागी ने, किस प्रकार ग्रहण किया है(?) इसे परखना है। आचार्य रामचंद्र शुक्ल का कथन है कि, "संस्कृत के अनुवादों में, मूल का भाव लाने के प्रयत्न में; भाषा में प्रायः

जटिलता आ जाया करती है।" मैंने पं० केशव प्रसाद मिश्र का अनुवाद भी पढ़ा। यह सही है कि, यहाँ भाषा की जटिलता प्रायः नहीं है किंतु; शाब्दिक अर्थ सरलता में वह भाव-भूमि... वह मधुमति भूमिका नहीं है, जहाँ कालिदास पहुँचे थे, या जहाँ साधक के बाद एक कवि ही पहुँच सकता है। यह उदाहरण देखें-

"धनपति ने सेवा से बेसुध एक यक्ष पर कोप किया,
      उसे वर्ष भर प्रिया विग्रह का कारण दूभर शाप दिया।
      तब निरस्त हो उसने डेरे रम्य रामगिरी पर डाले,
      जो सीता मज्जन से शुचि जल और घनी छाया वाले।।"

ऐसा लगता है तुक मिलाने के लिए 'कारण' 'डेरे' 'निरस्त' जैसे शब्दों का प्रयोग किया गया है। बात यह सही भी है कि, बस समय हिंदी के बचपन का था, किंतु 'तत्सम सौष्ठव' का या भाव-भूमि ग्रहण करने का भी था। ऐसा मैं मानती हूँ। अशोक को आधुनिक हिंदी साहित्य, विशेष रूप से आज की समसामयिक अभिव्यक्ति की समझ प्राप्त है- उनमें भावानुभूति ग्रहण कर उसे अभिव्यक्त करने की क्षमता भी है। उन्होंने मेघदूत की कथा और कालिदास की अभिव्यक्ति को भावना, कल्पना-आवेग और बोध के साथ प्रस्तुति दी है, यहाँ कविता का आनंद और सांस्कृतिक चेतना की दृष्टि बराबर बनी हुई है-

"क्रुद्ध हुए, यक्षराज तब
      तन आवेशित, स्वर था कंपित
      रे मूढ़.... भार्या अनुरागी!
      तू निज कर्म से
      क्यों ज़रा न लज्जित.....
      देता हूँ मैं शाप तुझे
      छूटे तुझसे ये अलका नगरी
      वर्ष एक विचरेगा तू

गिरी कूल कछारों की कगरी।
शापित होकर यक्ष वहाँ से...
दक्षिण की ओर चला
पुण्य क्षेत्र में समय कटे
मन में यह विश्वास पला।
पहुँचा जब वह रामगिरि पर
देख सीय स्नानोदक पावन
अरु शीतल छाया से हर्षाया
ठहरा वह रामगिरि पर्वत पर
निज आश्रम वहीं बनाया।।"

ये प्रारंभिक कथा की पंक्तियां हैं। मुझे लगा अनुवाद के साथ साथ काव्य सुख भी प्राप्त हो रहा है। अशोक बैरागी का चिंतन भी यहाँ मुखर है।

मेघदूत को समझने कि लिए अनुभूति की गहराई बहुत आवश्यक है। यहाँ विग्रह की पीड़ा के साथ साथ दक्षिण से उत्तर की ओर ऐसी यात्रा पर यक्ष ने अपने प्रिय मित्र 'मेघ' को भेजा जहाँ से सांस्कृतिक एकता के सूत्र मिलते हैं। ममता, स्नेह, सौंदर्य से भरा यह एक ऐसा संदेश है, जिसे चेतना और संवेदना के स्तर पर समझे बगैर 'मेघदूत' को समझा नहीं जा सकता। मेघदूत का संदेश भारतीयता की परिभाषा है। इतिहास, संस्कृति, देवाराधना और प्रेम की पराकाष्ठा की पहचान है। काव्य रस और प्रकृति सौंदर्य के अद्भुत समन्वय को जानना समझना चाहिए—

"दीमक के गुहा सम द्वार से
नभ में उदित
देखकर सहसा... वो इंद्रधनु
यक्ष अति भावातुर हुआ
कुछ सोचता सा
एक पल को फिर...
मेघ से संभाषित हुआ

अहा, कितना नयनाभिराम है
एक इंद्रधनु की
सतरंगी अनुपम छटा
दूर तक बिखेरती
रत्नों सा अनूठी
अपने रंगो को मनोहारी प्रभा।
ऐ, मित्र!
तेरा श्याम वर्ण यह
होकर सुशोभित इन्द्रधनु से
देखकर तुझको लगेगा
जैसे सिर पर...
मोरपंखी मुकुट तूने धरा हो
ऐ! श्यामवर्णी मीत मेरे...
जैसे श्याम का रूप तूने वरा हो।।"

भावावेग झरने सा प्रवाहित है। मेघ का कृष्ण - रूप धारण कर लेना, कालिदास की अद्भुत कल्पना है। अनुवादक ने समग्र कल्पना को मौलिक रूप से ग्रहण कर लिया है - कहीं अवरोध नहीं, कहीं शब्दगत भटकाव नहीं। जैसे भाषा भावों के साथ बहती नदी की तरह प्रवाहमान बनी हुई है।

कालिदास के 'मेघ' ने दक्षिण से उत्तर तक की यात्रा की। इस देश की सम्पूर्ण प्रकृति, सुंदर स्थल, कृषक - सुंदरियों का रूप विधान यक्ष ने मेघ से देखने का आग्रह ही नहीं किया, किसी सुंदर-क्रिया के बीच बाधक न बनने का अनुरोध भी किया है। विरही की पीड़ा झेलता यक्ष केवल अपने हित साधना में नहीं लगा है। उसका प्रमुख लक्ष तो जैसे राष्ट्र-कल्याण और जन मंगल की भावना है। मेघ ने आम्रकूट और विंध्य की परिक्रमा की कवि अनुवादक का भाव देखें --

"बस दूर थोड़ा.... और आगे
तुझको

आम्रकूट पर्वत मिलेगा
दावानल का
तुझे समझ शमनक
मित्र तेरा
हर भाँति वो स्वागत करेगा।
मानकर अपना हितैषी
निज मस्तक पर धरेगा।
पाकर अतिथि को
निज निकेत
मन का.... सब श्रम हरेगा
श्रेष्ठ है वो....
श्रेष्ठता का गौरव रखेगा।
ऐ, मित्र!
वैसे भी उपकारी के प्रति लघु जन
सेवा भाव... सदा रखा करते
वह तो आम्रकूट है!
उन्नत मस्तक....!!
कब अतिथि विमुख हुआ करते।।"

अतिथि सेवा भारतीय संस्कृति का धर्म-भाव है। आम्रकूट के निकुंज आज भी सुंदर हैं.... भावमय हैं। पतली धार वाली नर्मदा भभूत की रेखा जैसी लगती है।

मेघदूत में वर्णित प्राकृतिक सौंदर्य को शब्दों में बांधते हुए अनुवादक का रचनाकर्म स्वयं भावविभोर हो उठा है। वानगी देखिए --

"और आगे फिर मिलेगी
मार्ग में तुझको
विंध्य की शीतल छाँह घनेरी।
विषम शिलाओं पर लेटी

टेढ़ी मेढ़ी धार वाली

तनवंगी नर्मदा... पुण्य-सलिला

यूं लगेगी नभ से जैसे

गज के श्यामल गात में ज्यों

भभूत की हो कोई रेखा उकेरी।।"

'मेघदूतम्' में प्रकृति और मानव का अटूट संबंध निरूपित किया गया है। कभी-कभी अनुवादक के लिए, यह भी आवश्यक है कि; वह व्यक्तिगत अनुभूतियों को अनुवाद पर आच्छादित न होने दे। कालिदास का मेघदूतम् ऐसी विलक्षण कृति है, जिसके द्वारा कवि ने समाज और देश की सांस्कृतिक - आस्था के साथ ही व्याप्त कुरीतियों पर भी अपने विचार प्रस्तुत किए हैं, कहीं भेद-भाव नहीं किया है। सामंतवादी व्यवस्था पर भी कवि ने खुलकर प्रहार किया है। अब अनुवादक का यह भी कर्तव्य है, कि वह कवि के मन में झांके.... उसके अंतर्मन में प्रवेश करे। इस कठिन कार्य को वही कर सकता है जिसने पूर्ववर्ती अनुवादों से हटकर मौलिक दृष्टि से अध्यन किया हो। धनकुबेर से शापित यक्ष विरही अवश्य है, किंतु उसके 'मेघ' संभाषण में ऐसी अभिव्यक्ति है; जिसके माध्यम से यक्ष को तलाशा जा सकता है –

"ऐ मित्र,

सुनाते हैं वहाँ के वृद्ध

किससे अनेकों विश्वास से

जैसे बन गए पन्ने

वे स्वयं इतिहास के....

किंवा, वत्स के

राजा उदयन ने किया था

प्रद्दोत-सुता

वासवदत्ता का हरण

ये है.... उसी प्रद्दोत का

सुनहरे ताड़ वृक्षों का
सुनहला सघन वन।
और वो.... मदमत्त-गज
नीलगिरी ने....!
जानते हो... ध्वस्त कर स्तंभ
किया था उसने भी
मदमस्त होकर
इसी वन में भ्रमण....।
है प्रचारित उज्जैनी के
ऐसे मियक अनेकों
सुनते थकते नहीं हैं वृद्ध....
कि, जब तक उनको न टोको।।"

सुंदर भावमय अनुवादक की अभिव्यक्ति हमें प्रभावित करती है। काव्य सौंदर्य को रखने का प्रयास भी अनुवादकर्ता ने रखा है --

"जब बढ़ेगा
देवगिरी के पथ पर
ऐ, मित्र.... देखना
पवन भी तेरे साथ होगा
तू अकेला होगा कहाँ...?
तुझको... हरपल
अभिन्नता का एहसास होगा।
अहा... वो शीतल पवन
मंद गति से गतिमान होकर
जंगली गुलरों के
फलों को वो है पकाती....
साथ लेकर
भीगी मही की गंध सोंधी...

वो चलेगी संग-संग

ऐ सखे....

चंवर सी डुलाती।"

अतः पहुंचना जब वहाँ,

तजकर स्वयं का मान अपना

आकाश गंगा में तुम नहाना

जलद् पुष्प बनकर...

ऐ, सखे!

जल पुहुप उनको चढ़ाना....

कराकर स्नान,

करना उनकी पूजा... अर्चना....

बढ़ेगा मनोबल तुम्हारा

आत्मबल.... निज गौरव.... बढ़ाना।।"

यक्ष की शिव आस्था को व्यक्त करने का भाव अद्भुत और कला पूर्ण है। मेघदूत में वर्णित यक्ष का प्रेम उदात्त है, मर्यादित है.... नायिका स्वकीया है, फिर यक्ष की छोटी सी भूल की इतनी बड़ी सजा, क्या उचित थी (?) क्या यह कठोर शासक की सामन्ती प्रवृत्ति का परिचायक नहीं (??) कालिदास ने जगह-जगह प्रकृति का मानवीकरण किया है। नायिका के सौंदर्य के साथ ही प्राकृतिक उपादानों के सौंदर्य को रूप दिया है। धनकुबेर के एक ऐसे सेवक को अलका नगरी से निर्वासित होना पड़ा। यह एक क्रूर शासक के निर्मम शासन वृत्ति का प्रतीक है। मेघ उस निर्वासित कवि का मित्र ही नही अपितु अभिन्न भी है, जिससे सब कुछ कहा जा सकता है - कोई दुराव - छिपाव का भाव यहाँ नहीं है। मेघ और प्रकृति का आचरण भी ऐसा है, कि जैसे वे मानव मन की अंतर्गति को पहचान सकते हैं। इसीलिए तो यक्ष ने

मेघ से कहा—

"स्वप्न में खोई... सोयी
उस मेरी प्रिय को...
शीतल पवन का
स्पर्श देना.... और फिर,
तुम... उसको जगाना।
नव कली सी.... वह,
मालती की....
जब वो... होकर - प्रफुल्लित,
भवन के झरोखे से....
तुझे चपला रहित
वो एकटक हो देखती
तब... करके... गंभीर गर्जना...
अभ्यर्थना से भरी... मेरी
याचना.... उसको सुनाना।"

"अतः ऐ मित्र!
तू उसका मान करना
सम्मान करना... और अपना परिचय बताना।।"

कालिदास ने दूत की परिभाषा ही बदल दी है। यह कार्य किसी मित्र का है। केवल दूत भाव यहाँ नहीं है। इसी प्रकार सौंदर्य वर्णन में मर्यादा का भाव ही प्रमुख है—

"धारती आभूषण हाय!
सुहाग के चिह्न के

अन्य और कहाँ
वह ज़ेवरों को धारती।
न बैठती है.... न लेटती है....
विचलित से भाव लिए
सुधियों को अपने वो आँसुओं से वारती.....।
धार-धार रोती... है
बस रोती ही रोती है
शैया में चैन कहाँ
कहाँ वो सोती है।
झील से नैन गहर
सागर सम हुये, हाय!
पलकों की सीपी में
आँसुओं का मोती है....।"

कालिदास ने विरही-नारी का रूप वर्णन भी बड़ी शालीनता से किया है। इस कृति में सुख और दुख की मिली-जुली संवेदना है और इस संवेदना को मौलिक - अनुवाद में सहज रूप मिला है, यही अनुवादक अशोक बैरागी की अनुवाद सफलता है। उन्होंने संस्कृत के इस महाकाव्य की समूची प्रकृति को सम्पूर्ण विशेषताओं के साथ ग्रहण कर पुनः अभिव्यक्ति दी है। पुनः अभिव्यक्ति इसलिए कह रही हूँ, क्योंकि कविता की मूल धारा कहीं भी अवरोधित नहीं है। यक्ष, मेघ, प्रकृति, प्रत्येक क्षण भारतीय संस्कृति मूल्यों की रक्षा करते हैं - यक्ष परोपकारी है, या यूं कहें कि, समस्त मानवीय - गुणों से परिपूर्ण है। वह दूसरों के दुख-सुख के प्रति संवेदनशील भी है, और अलकापुरी के धनिक वर्ग की प्रवृत्तियाँ भी जानता है। बहुत अच्छे और निसंग भाव की व्याख्या अनुवाद में भी की गयी है;

"होती नहीं है मित्र!
अलका-वासियों को,
शोक-संताप की

कोई वेदना।

मात्र आनंद....

और आनंदवशी हो डबडबाती... आँख उनकी

और झरते अश्रु नैनों से वहाँ।

न रोग कोई... न शोक कोई....

काम की बस... काम की

केवल उनमे पिपासा....

और रहती मन में सदा,

गान औ' नृत्य की

बस इक.... अभिलाषा

भेंटते... वे, मिलकर गले

निज स्वजन से... बस मोद से

केवल मोद उनमें

प्रमोद उनकी वृति"

यहाँ भाव स्पष्ट होने के साथ ही किंचित त्रुटि भी है, जैसे संताप यदि है तो क्षणिक है, इसका भाव स्पष्ट होना चाहिए था। जहाँ प्रवृत्ति ही 'काम' हो यक्ष के जैसी संवेदना कैसे हो सकती है (?) अनुवाद के स्तर पर प्रिया का चित्रण बहुत सटीक और सुंदर है। करुणा जैसी आकृति धारण कर लेती है ---

"काजल रहित

मद भरे नैन.... तजकर

अपनी मंदिर स्निग्ध-कांति को.....

विरह ताप में जलकर

वे भृकुटि विलास सुख

होंगे भूले.....

विरहणी की... अलक लटें भी

उलझी सी झूलती

करती अवरोध....
उस कटाक्ष-दृष्टि का
जो नैनो से करके प्रवेश
सहसा हृदय को छू ले।
पकड़ तुझे... सन्निकट
फड़केगी... आँख बाँयी
जैसे.... सरोवर में....
मीन की गति से
सहसा कमल कोई डोले।।"

काव्यत्व अनुवाद में कहीं छिप न जाए इसका ध्यान अनुवादक ने बराबर रखा है। 'प्रमाद' जो अलकापुरी में व्याप्त था, उसका किंचित प्रभाव यक्ष पर भी पड़ा था। उसके कई दिनों तक कुबेर को शिव की उपासना के लिए बासी फूल पहुँचाये। यौवन के प्रमाद में नए फूल चुनने का कर्तव्य बाधित हुआ। यही प्रमाद उसके अभिशप्त निर्वासन का कारण बना था। अलकापुरी के लोग शिव आराधक हैं। यक्ष अपनी आराधना नहीं भूला। शिव आराधना का पुनः पारितोष वह रामगिरि में रहकर भावात्मक रूप से मेघ से करवाता है। शिव के क्षेत्रों में मेघ को अनुरोध पूर्वक जाने के लिए कहता है। महाकाल की सांध्य-आरती में शामिल होने की याचना करता है। यहाँ लोक मंगल की धारा गंगा की तरह प्रवाहशील है।

कालिदास का काव्य - लौकिक और आध्यात्मिक-भावनाओं का मिला जुला रूप है। न ही वह प्रिया को भूलता है, न ही वह देश समाज को भूलता है और न ही वह शिव आराधना को भूल पाता है। प्रमाद के कुछ क्षण जैसे विरह के दिनों में उसके मन को परिताप से भर देते हैं। मेघ के पक्ष में नदियाँ हैं... जंगल हैं... पशु-पक्षी हैं... माटी की गंध है, खेतों की फसल है.... कृषि-कार्य करते कृषक और कृषक वधूएँ हैं। मंदिर है, मठ है, शिव आराधना के क्षेत्र हैं और इसके बीच एक लक्ष है। उस सुहागवती नारी के आँसू, हृदय की पीड़ा, सुहाग की स्मृतियाँ जहाँ पहुँच कर मेघ को यक्ष का संदेश भी देना है। इस संदेश में भी यक्ष के आचरण में शिष्टता,

सौम्यता और मर्यादा को बनाये रखा है। देश-काल का उन्हें पूर्व ज्ञान है। कालिदास ने सुदूर यात्राएँ की थी। प्रकृति से उन्हें प्रेम है। यक्ष का संदेश भी प्रकृति के समन्वित-रूप से ही निर्मित है। अशोक बैरागी ने इस ओर भी ध्यान दिया है।

> "क्या कहूँ... कैसे कहूँ... मैं
> तुझसे अपनी विवशता...?
> पूर्णिमा का चंद्रमा जब,
> बादलों के ओट होता
> हाय! तब मैं.... विवश सा
> तेरे मुख के... कांति की
> कल्पना से भी विमुख होता।
> मयूर के पंखों में....
> तेरी अलक विन्यास का
> तादृशी कुछ आभास होता;
> लेकिन वो भी कहाँ सदा
> निज पंख से भरपूर रहता।
> नदी के.... सूक्ष्म जल तरंगों में
> तेरी भृकुटि विलास
> की रहती तादृश्यता..
> जिसे मैं अक्सर.... नित अवलोकता रहता....
> लेकिन पवन के संयोग का वह योग भी
> बस.... कभी-कभी है मिलता।।"

समय निष्ठुर है, लेकिन बीतता तो है ही। चित्र में प्रिया का रूप देखना, फिर आँसुओं से धुल जाना समस्त क्रियाएँ भावावेग की ऐसी अभिव्यक्ति करती हैं जहाँ से मूल रचनाकार का मंतव्य ओझल नहीं होने पाता। कला और शैली की प्रखरता का धर्म यद्यपि अनुवादक ने पूरी तरह निर्वाह किया है तथापि स्वस्थ जीवन की चेतना के साथ ही काव्यमय स्थल विशेष

रूप से सौंदर्य की परख करने वाले स्थलों पर अनुवादक का मन अधिक रमता प्रतीत हुआ है। यह सही नहीं है - ऐसा भी मैं नहीं मानती, क्योंकि अनुवादक का हृदय संप्रेषण से भरपूर है। अतः ऐसे स्थलों पर उनकी, काव्य रचना प्रक्रिया का उभर कर सामने आना स्वाभाविक ही है। अंत की पंक्तियां अत्यंक काव्यमय हैं या उन्हें यूं कहें कि मेघ संदेश कार्य सफलता पूर्वक पूरा हुआ। पिछले अनुवादों में ऐसी काव्यमयी - सुरभि नहीं है। यह निश्चय पूर्वक कहा जा सकता है---

"हर-पल चपला.... होवे संग तुम्हारे
        होकर भी दो 'मैं' कभी न बनना
        बनकर रहना सदा 'हमारे'
        मेरी यही कामना तुमसे,
        फूलो..फलो.. सदा ख़ुश रहना....।।"

यक्ष की उदात्त भावना यहाँ और मुखर हो जाती है। संदेश में भी कल्याण कामना है, और देने वाले मेघ के प्रति भी सद्भाव है - "जैसी पीड़ा मैंने पायी तुम्हें पड़े न कष्ट उठाना" का भाव है। मेघदूतम् का आशीर्वाद भी यही है 'मां भूदेवम् क्षणमपि च ते विप्रयोगः' कभी भी दो संवादी तत्वों का वियोग न हो। दक्षिण से उत्तर की ओर मेघ द्वारा की गयी यह यात्रा सांस्कृतिक एकीकरण का ऐसा संदेश देती रहे जिससे चर-अचर सुखी हों और प्रेम साधना का समन्वय बना रहे। अंत में अशोक बैरागी की अपनी सद्भावना है–

"पर्वतों के पार करके
        वनों का शृंगार करके
        नदियों में अनुराग भरके
        विरही का ताप हर के
        इक नया संचार भर के
        मेघ फिर उड़ चला।।"

अनुवादक का श्रम सफल हो। यह अनुवादक लोक-मंगल का वाहक बने ऐसी मेरी कामना है।

दिनांक: १० अक्टूबर, २००४

डॉ० (श्रीमती) विनोद तिवारी

बोदा रोड, सिविल लाइंस

रीवा (म० प्र०)

।। पूर्व मेघ प्रारंभ ।।

1. पूर्व मेघ

||१||

उत्तर दिशा हिमालय स्थित
श्रृंग-तुंग सी चोटी
यक्ष अधीक्ष कुबेर की अलका
वहीं-कहीं थी होती
निज सेवा हेतु कुबेर के
एक यक्ष था नियुक्त वहां
पत्नी-अनुरागी
वह रुप-पुजारी
भूला स्वामी का कार्य महां।
क्रुद्ध हूये, यक्षराज तब
तन आवेशित, स्वर था कंपित
रे मूढ़..... भार्या अनुरागी!
तू निज कर्म से
क्यों जरा न लज्जित......
देता हूं मैं शाप तुझे
छूटे तुझसे ये अलका नगरी
वर्ष एक विचरेगा तू
गिरि कूल कछारों की कगरी।
शापित होकर यक्ष वहां से....
दक्षिण की ओर चला
पुण्य क्षेत्र में समय कटे
मन में यह विश्वास पला।
पहुँचा जब वह रामगिरि पर
देख सीय स्नानोदक नीर पावन
अरु शीतल छाया से हर्षाया
ठहरा वह रामगिरि पर्वत पर
निज आश्रम वहीं बनाया।।

॥२॥

बस आठ मास ही तो थे बीते
वह इक पल.....
भार्या को भूल न पाया
दीन-हीन कांति हीन सी
अति क्षीण हो गयी
यक्ष की वो सुन्दर काया।
बाहों में शोभित स्वर्ण कड़ा
कब खिसका....
कहां गिरा भू पर....
भार्या-विरही, कतई जान न पाया।
मन अशांत...
चित्त था विचलित....
विरही मन को चैन कहां....?
आई ऐसे में वर्षा ऋतु अषाढ़ की
प्रेमी मन को बोलो फिर
उसे भला कुछ भान कहां....??
हाय!...कैसे नभ पर अषाढ़ ने
टांक दिए हैं चित्र विचित्र
श्वेत-श्याम युत
हस्तिमयी मेघ चित्र....।
तभी इक मेघ उड़कर
बढ़ आया शिखर की ओर
भर अंक समेटा उसे निज ओर
जैसे ले जाएगा.... वह
शिखर को उड़ाकर मनचाहे
अन्यत्र कहीं और गन्तव्य की ओर॥

॥३॥

मेघ की उन्मत्ता से
यक्ष विरही!
विरह-ज्वाला में घिरा
अति कातर बना
अपलक कुछ सोचता सा
अस्थिर हो चला था।
पत्नी विछोह....
घर से दूर बैठा....
देखकर वह सुरम्य मौसम
मेघ का वह केलि प्रणयन
भाव में अपने ही
वो खो गया था.....।
सोचता सा
मन ही मन कुछ
यक्ष.... सहसा
उद्विगमना सा हो गया था।।

||४||

हाय! देखकर.... वर्षा ऋतु समीप
पुरूष प्रवासी सभी
लौट आते निज निकेत
प्रियतमा की प्रतीक्षा का
पढ़कर वे मूक संदेश।
किन्तु शापित मैं... हाय!
कैसे कंचन कामिनी से मिलूं ?
निज विरह की किससे कह कथा
कैसे स्वयं का मन हल्का करूं ??
विरह संताप से.....
यदि मर गई वह
हाय... तब मैं क्या करूंगा....?
क्या करूं... (?)... कैसे करूं.....???
कुछ भी तो न मैं कर सकूंगा.....!
हां ठीक है... भेज दूं....
मैं उसे अपनी कुशलता
शायद... प्राण कुछ त्राण पाए
और मेरे प्राण के... प्राण लौट आए
किससे कहूं... कौन है वो...
जो मेरा संदेश उस तक पहुंचाए
मुझ व्यथित मन की कथा कह
मन में मिलन की नई लौ जगाए... ?
प्रणय-विरही यक्ष को...पर्वत शिखर पर
मेघ का फिर ध्यान आया
नैन में भर अश्रु... अंजुरी में कुटुज कुसुम ले
मेघ की अभ्यर्थना से
सहसा मन उसका छलक आया ||

।।५।।

अग्नि, धूम्र, वायु,
जल से निर्मित
इंद्रिय रहित....
मेघ रूप है वर्णित
फिर कैसे कहे...(?)
मन की गति
भावना जाकर.....
यद्यपि, क्या यह है संभावित ??
भावुक यक्ष भला
कहां कब सोचे....
विरही मन......
रूका कब रोके।
वह तो था बस.....
प्रिया प्राण-त्राण को आतुर....
अन्तस प्रेम भला कब चातुर....
खोकर दैन्य-दशा में वह अपनी
विनयी यक्ष हुआ अति भावातुर.......।।

||६||

ए मेघ.....सुनो!
मैं परिचित तुमसे
पुष्करावर्त के वंशज तुम
आमात्य इंद्र के
पूज्य धरा के
ईच्छित रूप मे वर्णित तुम।
छण भर देखो...
मेरी पीड़ित... मन-काया
देव योग की
ये निर्मम माया.....
मैं दूर प्रियतमा के नयनों से
हरपल उसकी यादों की छाया
तुम दिव्य शक्ति....!
तुम दिव्य पुरूष....!!
इसीलिये यह याचना तुमसे
मैं हूं याचक.....
तुम हो दाता.....
यदि मिली वंचना
तो भी कैसी लज्जा तुमसे।।

||७||

तुम हो जलद्
संतप्तों को
करके आतप...
उनका ताप हो हरते....
हम स्वामी के शाप से शापित
दूर प्रिया से..... निश दिन
विरह ताप में जलते....।
करो कृपा...
बस तुम इतना कर दो......
संदेश मेरा उस तक पहुँचा दो
चिंता दूर करो तुम मन की.....
उसे विरह त्रास से त्राण दिला दो।
हम होंगे ऋणी उपकारी के
बस और भला क्या दे पायेंगे
होगा आभारी यह जीवन मेरा
तुमको कभी भूल न पाएंगे।
यक्षों की है वह नगरी अलका
ऊंचे-ऊंचे महलों वाली
देख ठगा रह जाए मन
सुन्दर भवन अट्टालिका वाली।
स्वर्ग तुच्छ है उसके आगे
भव-वैभवता बिखरी पग-पग
चंद्र चंद्रिका से वह जगमग
है दूर बहुत...
पर जाना होगा
तुम मित्र मेरे..... तुमको
मित्रता का मान निभाना होगा।।

||८||

अपने प्रिय की वाट जोहती
वे विरह विरहणियां...... तुमको
नभ पथ से जाता देख
वे, हटा निज मुख से केश
मन ही मन भेजेगीं
अपने उनको संदेश..... कि
प्रिय.... लौटो निज देश
अब तो
वर्षा ऋतु की बदरी छायी
धैर्य धरे
मैं बाट जोहती...... कि,
प्रियतम अब तो आंखे पथरायी
सोचो तुम ही
मेघ घिरे.....
वर्षा ऋतु आए
फिर कौन भला कैसे
निज निकेत से दूर रह पाए ?
हां..... मैं शापित... हत्भागी!
परवशता वश...
बंधा शाप की सांकल से
निज मन की कहां कुछ कर पाए......||

||९||

उत्तर दिशा
गमन को तेरे
मंद पवन गति
सिद्ध करेगी....।
बायें तेरे 'पीव-पीव'
चतुर पपीहे की
टेर चलेगी......।
करते ही प्रस्थान
श्वेत बगुल की
उड़ती पांते....
गर्भाधान का
समय समझ.... वे भी
तेरे अति समीप उड़ेंगी।
वे होंगी शोभित
श्याम वर्ण में ऐसे
मोती की माला
तूने पहिनी हो जैसे
उड़ती देख समीप
काममय-कामिनी
होगा तू भी
निज गौरववाला वैसे।।

||१०||

तू कहीं न रूकना
सीधे जाना
पति विरही देखेगा भाभी
इक इक दिन गिनकर
समय बिताती.......
भाग्यवली होती विध भावी।
कोमल हृदय.....
पुष्प सी काया,
होगी असहय
पति विरह भोगती
कैसे कटे अवधि शाप की
बैठी होगी बस यही सोचती।
फिर भी जीवित
मिलेगी तुझको......
पिय संयोग का
दीप जलाए....
राह देख रही होगी वो अब भी
बीते दिनों में ध्यान लगाये।
पुहुप हिया.... प्रिया का मेरे
विरह ताप से.....
कुम्हला न जाए
आशवृन्त.......
बन जाओ सुह्रद तुम
शायद गिरने से पहले थम जाए।।

।।११।।

ऐ मेघ
तुम्हारी गर्जना
है कर्णप्रिय अति मनोहर।
सुनकर जिसे
पुष्पवती होकर मही
फलवती बनती यशःवर।
सुनकर,
वही नभ गर्जना
राज-हंसो के
अहा!.... झुण्ड न्यारे
लिए चोंच में
तंतु कोमल कमल के
कैलाश तक वे
उड़कर चलेंग संग सारे।
राह के सहचर रहेंगे.....
मार्ग की वे बाधा हरेंगे....
भटक न जाए
कहीं तू राह किंचित
नभ में तेरे संग-संग उड़ेंगे।।

॥१२॥

ये अति पावन,
महाभाग है ....
श्री राम-पद का
स्पर्श पाकर....
रामगिरि है... मित्र तेरा
लेना विदाई इससे
तू गले मिलकर।
पाकर तुझे समीप अपने
प्रेमाश्रु है ये बहाता
प्रेम निश्छल मन में इसके
प्रगल्भता का राग
इसको न भाता....।
इसलिए तू
मिलकर स्वजन से
फिर यहां से
तुम प्रस्थान करना
लेकर विदा.....
इस रामगिरि से
मित्रता का मान रखना।।

।।१३।।

ऐ मेघ.....
मेरी व्यथा
इक ऐसी कथा है
सुनकर जिसे
न तृप्त होगा.....
मित्र, तेरा मन कभी।
इसलिए
संदेश सुनना बाद में
प्रथम राह तेरी
तुझको सुझा दूं मैं अभी।
जब जब थकन से
चूर हो...ये बदन तेरा
कंठ सूखे प्यास से
मुख क्लान्त होवे भूख से
मन अधीर हो श्रान्त से।
तब तब ठहर कर
तुम ऊंचे शिखर पर
मित्र! श्रम अपना मिटाना
अमिय सा....
नदी का नीर पीकर
प्यास अपनी तुम बुझाना।
देखना फिर.....
मुख न तेरा क्लान्त होगा
क्षुधा तेरी शांत होगी
राह तुझको मैं ऐसी बता दूं
मार्ग की श्रम बाधा हटें
रास्ता वह तुझको सुझा दूं।।

||१४||

ऐ मित्र!
जब तू चलेगा रामगिरि से
दिग्गजों का मद चूर करके
उत्तर दिशा को....
मित्र के काज हित
अलका के पथ को।
देखना तुम.....
कितनी भय से चकित
थकित सी लगेंगी
विद्याधर रमणियां
सहज थामे वे
हाथ से अपने हृदय को।
और सोचेंगी स्वतः ही
उस विस्मय भरे पल को
हाय! ये कैसा है शिखर ?
इसे पवन उड़ा लेकर किधर ??
देखना,... थम न जाए
गति-पवन की ऐ, प्रभो!
गिर न जाए
यह शिखर.....
कहीं यहीं भू पर अहो!..!..||

||१५||

दीमक के गुहा सम द्वार से
नभ में उदित
देखकर सहसा... वो इंद्रधनु
यक्ष अति भावातुर हुआ
कुछ सोचता सा
एक पल को फिर...
मेघ से संभाषित हुआ
अहा, कितना नयनाभिराम है
इस इन्द्रधनु की
सतरंगी अनुपम छटा
दूर तक बिखेरती
रत्नों सा अनूठी
अपने रंगों की मनोहारी प्रभा।
ऐ, मित्र!
तेरा श्याम वर्ण यह
होकर सुशोभित इंद्रधनु से
देखकर तुझको लगेगा
जैसे सिर पर....
मोरपंखी मुकुट तूने धरा हो
ऐ! श्यामवर्णी मीत मेरे..... जैसे
श्याम का रूप तूने वरा हो।।

||१६||

जानता है
ऐ मित्र तू भी
तेरी कृपा से
कृषि कार्य सभी होते सफल
और सहसा
पाकर तुझे समीप अपने
देखेंगी ग्रामीण वधुयें....
तज निज नैनों का,
वे चातुर्य चपल।
ऐ सखे....!
मालवा की
वे ग्रामीण वधुएं......
मानकर उपकारी तुझे
सहर्ष तेरा स्वागत करेंगी
और मनभावन हवाएं
जुते खेत की
ले गंध सुषमित
अभ्यागत का श्रम हरेंगी।
तुम ठहरना.... देखना....
मन तृप्त करना.....
फिर जल वृष्टि करके
मुड़कर तनिक,
आगे वहां से....
उत्तर दिशा में गमन करना
अलका बसी बस उस छोर पर है
मित्र इतना समझ लेना...
बस मन में अपने ध्यान रखना।।

।।१७।।

बस दूर थोड़ा..... और आगे
तुझको
आम्रकूट पर्वत मिलेगा
दावानल का
तुझे समझ शमनक
मित्र तेरा
हर भांति वो स्वागत करेगा।
मानकर अपना हितैषी
निज मस्तक पर धरेगा।
पाकर अतिथि को
निज निकेत
मग का.... सब श्रम हरेगा
श्रेष्ठ है वो....
श्रेष्ठता का गौरव रखेगा।
ऐ, मित्र!
वैसे भी उपकारी के प्रति
लघु जन
सेवा भाव... सदा रखा करते
वह तो आम्रकूट है!
उन्नत मस्तक.....!!
कब अतिथि विमुख हुआ करते।।

||१८||

आम्रकूट पर्वत पर
निश दिन रहती
आम्र कुंज की हरियाली
मुग्ध-भाव से फल लगते हैं
रहती फैली
अनुपम खुशहाली....।
स्वर्ण प्रभा सा बिखरा होगा
यत्र-तत्र सर्वत्र हिलोर
पाकर आम्रकुंज की
शीतल छाया....
नाच उठेगा मन का मोर।
उस पीतवर्णी
आम्राच्छादित
पर्वत शिखर पर.....
श्यामवर्णी
वेणी सम देख तुझको
आकाशगामी देवांगनाएं
सोचेंगी स्वगत वे
अहा! यह श्याम...
शेष कंचन वर्ण...(?)
अद्भुत पीनपयोधर...
क्या मही के है उगा.....(??)
और अगले पल
स्वतः ही.... स्वयं को
पायेंगी वे ठगा.....।।

|| १९ ||

आम्रकूट के निकुंज की
शोभा निराली
अति मनोरम...
वनचर-वधु विहार की
समेटे वह
गाथा अनुपम...।
ठहरना तुम वहां पर
मग क्लान्ति अपनी... दूर करना
फिर बरसना... उस निकुंज में
कुछ समय तक
ग्रीष्म की तपन दूर करके
अवलोकना उस
परिदृश्य को फिर अपलक।
मन होगा सबका...
तन होगा हल्का...
हो जाएगी गति तीव्र तेरी
और आगे फिर मिलेगी
मार्ग में तुझको
विंध्य की शीतल छाँह घनेरी।
विषम शिलाओं पर लेटी
टेढ़ी मेढ़ी धार वाली
तन्वंगी नर्मदा... पुण्य-सलिला
यूं लगेगी नभ से जैसे
गज के श्यामल गात में ज्यों
भभूत की हो कोई रेखा उकेरी।।

||२०||

बरसना... तुम
आम्रकूट पर अरू
नर्मदा का नीर पीना....
भरकर नया संचार मन में
फिर राह आगे की पकड़ना।
हस्तियों के हस्तिमद से
और उनके केलिरव से
नीर रेवा का है सुवासित
गुज़रती वो
जामुनों के सघन वन से
मदवती सी....
मंथर गति धार ज्ञापित।
नीर रेवा का भरेगा
नया इक उत्साह मन में
होगा शक्ति का संचार
ऐ मित्र!.... तेरे तन में....।
लाख चाहे पवन
कहां कुछ कर सकेगा...
चाहे जितना यत्न कर ले
अन्यत्र न वह ले जा सकेगा।
तू पूर्ण होगा.....
पूर्णता का मान पाएगा बड़ा
जो लघु हैं... दीन... अपूर्ण हैं...
वो कब सम्मान पाएं...(?) अहो!
रह जाए वहीं का वहीं पड़ा.....।।

॥२१॥

नीले पीले रंग वाले
कदम्ब के पुहुपों से
रहती सुशोभित
विन्ध्य की वो कूल कगरी
नदी के कगारों पर
उगी कोमल कला युत
अहा! कितनी भली
लगती वो कदली कली...।
उष्णता से रहित
देखकर वन मही
झूमेंगे आनन्द वश
सारंग सभी..... वे;
भूलकर अन्तर्दशा
अन्तर्मग्न होकर...
साथ वे तेरे चलेंगे
तू चकित न होना
भ्रमित होकर... पथ के
सहायक वे बनेंगे।।

||२२||

जब चलेगा मित्र तू
नभ-पथ में.... आकाश
कितना रमणीय होगा....
चातक अति आतुर बना
अधर अम्बर को किए वह
देखना तुम
कितना दयनीय होगा....।
नभ मे उड़तीं
साथ तेरे,
वे वकुल की श्वेत पांते
देखकर सिद्धांगनाएं
होंगी हर्षित बड़ी....
सुनकर तेरी नभ गर्जना
सिद्धजन से होंगीं
वे लिपटी खड़ी....।
मानेंगी मन से उपकार तेरा
कृतज्ञता वे ज्ञापित करेंगी
सफल होवे हर लक्ष्य तेरा
स्वगत सहज सम्भाषित करेंगी।।

॥२३॥

जानता हूं.... ऐ सखे!
तू मेरा संदेश लेकर
अलका-पुरी को
शीघ्र जाना चाहता।
मेरी प्रिया का
विरह सुनकर.... तू;
कब ठहरना चाहता....(?)
फिर भी.... इक़ अज्ञात भय
अभी भी मन में मेरे बसा है
क्या करूं.... तुम ही बोलो....
विरह में डूबा... मन भला...
अपना कभी क्या... हो सका है...?
सुनो! अर्जुन पुहुप की
वो गंध मनोहर...
कहीं रोक न ले.....
तुझे वहीं पर्वत पर...।
है सघन वन मोर युत वो
और उस पर....
कूंजती... केकि-कंठी अभ्यर्थना
स्व-समर्पित.... मूक मन की प्रार्थना
सुनकर कहीं.. तुम.. वहीं रूकना नहीं
मेरी व्यथा को याद रखना
प्रेम के वशी हो.. मीत झुकना नहीं..।
मत अधिक समय बिताना... तुम्हें
मित्र का संदेश लेकर
दूर अलका पुरी तक है जाना।।

॥२४॥

दर्शाण देश है.... आगे उसके
अति मनोहर... आतिथ्य मना
शोभा द्विगुणित
होवेगी उसकी
पाकर तेरा सान्निध्य घना।
चहक उठेंगे वन उपवन
यत्र-तत्र..सर्वत्र
महक केवड़े की फैली होगी
पत्रों में विकसित.....
क्षुद्र कण्टकों की
वे भूरी बाड़ें.....
स्वतः मन की बंधक होंगी।
ग्राम निकट वट वृक्षों पर
कलरव गुंजित
खग की नीड़ें.....
पके जामुनों से होगी
पेड़ों की द्विगुणित श्यामलता।
जलमयी सरोवर....
सुरम्य घने तरू.....
अहा..! जंगली पेड़ों की सघनता।
पर्वत से निर्झर... अमिय नीर
अठखेली करते... वो हंस
मित्र! अभी भी होंगे ठहरे......
पुलकित-उत्साहित
सहज मन में... वे धीर धरे।।

॥२५॥

गौरवशाली विदिशा... बसी
बेतवा के तट पर
थोड़ा आगे... और... चलकर....।
राजधानी है...
वह दर्शाण देश की
सुन्दरता... वैभवता.... में
सब देशों से आगे बढ़कर।
मंद पवन संग
नित खेला करती....
वेत्रवती की सुरभित लहरें
सहसा मन विस्मित हो जाए
शोभा देख...नज़र कब ठहरे।
तेरा काम भरा मन... होगा शीतल
पहुंच बेतवा के द्वारे
उठती-झुकती और मचलती
देख.... लहरों की हलकारे।
जब करके गर्जन
और प्रहर्षवश
तू नीर नदी का पान करेगा
यूं लगेगा... जैसे,
कोई काम पिपासा....
हठी-विलासी भू-वक्री
क्रोधित सुमुखि के....
आरक्त अधर का पान करे
उस बरजोरी और हठी में
कामिनी का.....
अपना कोई वश न चले।।

॥२६॥

उस विदिशा के समीप ही
रति परिरंभण आमोद वाली
उदयगिरि की हैं कंदरायें
वारांगनाओं के अंग राग से
अनंग-मयी हैं.... वे गुफ़ाएँ।
ठहरना तुम....
मग-क्लांति करके दूर अपनी
फिर देखना......
कदम्ब के पुहुपों से लदी
उस नीच-गिरि की शिखायें।
पुलक प्रकट करती
वे दिखेंगी..... जैसे,
अभ्यागत के आतुर खड़ी वे
रहवासियों के
काम का आख्यान कहती
मूक-कंदराओं से जड़ी वे।।

।।२७।।

श्रान्त अपनी मिटाकर
उदयगिरि से
जब तू आगे को बढ़ेगा
वनों की देख शोभा
मन वहीं थमता सा लगेगा।
बरसकर वन की नदी तट
उनमें नया प्रवाह भरना.....
फिर तनिक ठहरकर देखना...
होगी वहीं पर मालिनी
उपवनों में चुनती... वे,
फूल जूही के....
होगी पोंछती.... स्वेद कण
बार-बार अपने कपोलों से...।
अति उष्णता से.... धूप की
उनके कर्ण कमल होंगे मलीन
वे लग रहीं होंगी अति दीन
छाह की आशा में भरी
नज़रें उठा नभ ताकती,
चुपचाप पुष्प चुनती तल्लीन...।
मित्र, तनिक तुम छांह करना
तनिक आकर समीप
उनसे परिचय बढ़ाना
फिर देखना.... उनके
हर्ष मिश्रित सुकुमार मुख पर
चंचल-चक्षु-कटाक्ष की सुंदरता
बस ठगा सा रह जाएगा तू
देखकर रूप की वह लावण्यता।।

॥२८॥

जाना है यद्यपि
अलका तुझको...
उत्तर दिशा... ऐ मित्र; सुनो!
माना होगा यह....
पथ के प्रतिकूल मगर
यथावर के अनुकूल गुनो....।
पश्चिम दिशा में
बसी उज्जैनी
नूतन भवनों की...
वह है जननी
ऊंचे-ऊंचे महल सुशोभित
जिसे देख मन होवे विस्मित
इसीलिए,
मत जाना आगे....
उज्जैनी के पथ को वरना
चपल-चंचला के
चपल-चक्षु की.....
अनबोली तुम बोली पढ़ना।
ऐ मित्र!
पौरांगनाओं का
वह सुमुख सुन्दर.... निश्चय,
मन को तेरे भरमाएगा
व्यर्थ होवेगी यात्रा सारी
यदि तू,
यह अवसर न पाएगा।।

||२९||

ज्यों अनुरक्ता नायिका
किंकणी झनकारती
मंद-मंद... मंथर सी
कमनीय चाल चलती
और करके प्रदर्शित....
अपना उदर स्थल
चाहती मन मोहना
अपने पिया का.....।
त्यों, निर्विंध्या नदी
बांध लहरों के पग में
तीर पर बैठे हंसों की
पंकि-किंकणी......
जल तरंगों की
झंकार वह नित सुनाती
पाषाणों से मिलकर गले
मंद गति से बहती
वो निर्मला.... करती प्रदर्शित
भ्रमर रुपी नाभि अपनी......
मनो प्रेमाभिलाष से हो लुभाती।
मत संकोच करना... रसपान करना
ऐ, मित्र!.... अनुरक्ता नायिका
कुछ न कहकर.... मन की अपने
करके प्रदर्शित.... अनुराग-सूचन
प्रणय सम्भाषण..... प्रथम
बस यूं ही किया करती
खोकर स्वयं का मान वे
प्रेम का मान मन में रखा करती।।

||३०||

ऐ सुभग!
ग्रीष्म से आतप
निर्विंध्या नदी.....
सूक्ष्म जलधार की
एकल वेणी धारण किये
तट के विटप से
पतित पीत पत्र से
वह पाण्डु वर्णा.....
विहरणी सम तनवंगी....
राह तकती होगी तेरी।
अतः करके कृपा
कोई... उपाय करना
और उसकी
कृशता दूर करना.....।
बरसकर ऐ मित्र!
उस विरहणी को
देना सुख समागम का.....
मेंटना कष्ट
तुम उस अभागन का....
करना नहीं तनिक भी
प्रेम के प्रतिदान में देरी....।।

।।३१।।

ऐ, मित्र!
गाते हैं जहां गौरव-गाथा
उद्‍यन राज की......
ग्रामवासी अति मनोहर।
उस श्री विशाला अवन्ति को
जाना..... सुहृद!
तुम सत्वर.....।
अहा!..... अनुपम स्वर्ग सी है
वह नगरी निराली.....
ज्यों, चुपचाप वसुधा ने
स्वर्ग की हो.....
सुषमा चुरा ली....।
किंवा....
पुण्यात्मा-प्रवासी....!
जैसे स्वर्ग से लौटे हों
वहीं पर... और
शेष सुख के उपभोग हित
लें आए हों....
वे साथ अपने
खण्ड एक स्वर्ग का महीं पर।।31।।

||३२||

जिस भाँति,
प्रियतम मद भरे
मधु शब्द से.....
अंग लेपित
सुगंधित द्रव्य से.....
करके मृदुल स्पर्श
वह अपनी,
प्रियतमा को है रिझाता।
त्यों उषा-काल की
शिप्रा से चली
शीतल सुगंधित-समीर
तट तीर रमे सारस के
मद भरे मधुशब्द से......
पद्म-पराग-सुवासित गंध से
रमणियों का
करता मृदु-स्पर्श.......
मन उनका है लुभाता।
श्रान्त हर कर कामिनी के
क्लान्त मन में..... अहा!
प्रेम के अंकुर वो उगाता ।
अतः पाकर पवन का
वो स्नेह सान्निध्य....
मित्र तू ,
गौरवान्वित होगा बड़ा
आत्मीयता हिय में समेटे
देखना..... शिप्रा के तट पर
वह प्रतीक्षारत होगा खड़ा।।

||३३||

देखना तुम.....
नगर की समृद्धि
वो अनुपम रिद्धि
बाज़ार की प्रसिद्ध
सुषमा अपरिमित....
मोतियों के हार अगणित....।
शंख सीपी और
मणियों से सजी
दुकानों की शोभा अवर्णित...।
सोहती हैं वहां
कांतियुत वैदुर्यमणियां
तृण दुर्वा के अंकुरों सा....।
ढेर मूँगो के सहज ही
मन खींचते चुम्बकों सा.....।
देखकर वो अकूत वैभव
लगता है कि जैसे,
रत्नाकर देकर अपनी
रत्न-गर्भित संपदा;
वह मात्र......
जलमयी होकर रह गया।।

।।३४।।

ऐ मित्र,
सुनाते हैं वहां के वृद्ध
किस्से अनेकों विश्वास से
जैसे बन गये पन्ने
वे स्वंय इतिहास के....
किंवा, वत्स के
राजा उद्यन ने किया था
प्रद्योत-सुता
वासवदत्ता का हरण।
ये है.... उसी प्रद्योत का
सुनहरे ताड़ वृक्षों का
सुनहला सघन वन।
और वो.... मदमत्त-गज
नीलगिरि ने!....
जानते हो... ध्वस्त कर स्तंभ
किया था उसने भी
मदमस्त होकर
इसी वन में भ्रमण.....।
हैं प्रचारित उज्जैनी के
ऐसे मिथक अनेकों
सुनाते थकते नहीं हैं वृद्ध....
कि, जब तक उनको न टोको।।

||३५||

ऐ मित्र; उज्जैनी में
अनेकों सुख तुझको मिलेंगे
हो जाए हर्षित मन तेरा
दृश्य ऐसे मनोहारी लगेंगे।
होगा चकित
तू देखकर......
रमणियों का वैभव विलास
मन में
सहज होता नहीं विश्वास।
जब वे
स्नान करतीं और
अपने गीले अलक को
सुगंधित धूप से हैं सुखातीं।
तब अट्टालिका के
खिड़कियों से निकले
उस सुवासित धूप से
नगर की गलियां सभी
मानो सुगंध में हैं डूब जातीं.....।
पुष्ट होगा तन तेरा....
नष्ट होगी श्रान्त तेरी....
उस धूम्र का स्पर्श करके
और होगा,
मन प्रफुल्लित.... अहा...!
उस सुगंध को महसूस करके।
सुन सुहृद;
पाकर तुझे समीप अपने
मयूर वारांगनाओं के
नृत्य स्वंय करने लगेंगे

हर्ष से विह्वल हुये
वे..... केकि-कंठी
हर भांति
तेरा स्वागत करेंगे।
पुष्प सौरभ से सुवासित.....
हर ओर से
महल परिपूर्ण उनका
सुन्दर वनिता के
महावरी पद चिन्ह से
भवन भरपूर उनका.....।
देखकर शोभा महल की
तुझमें नया उत्साह होगा
विश्राम लेगा....
जब तू वहां पर फिर.....
कहां थकन का नाम होगा।।

||३६||

जब दूर होगी श्रान्त तेरी
तब..... मन भी
तेरा शान्त होगा.....
देखना ऐ मित्र!.. किस भांति
चित्त तेरा निष्काम होगा।
इस तरह... होकर अकाम
तुम महाकाल के धाम जाना
काल के भी... महाकाल वे
उनकी कृपा का लाभ पाना।
रमणीयता उस घाम की
ऐसी अनूठी.....
जैसे वो होकर उन्हीं की
रूठकर.....
उन्हीं के हो द्वार बैठी....।
देखना... तुम स्वयं कैसे
जल विहारित....
रमणियों के अंगरागों से
होकर सुवासित
कमल परागित सुरभित समीर
हरण करती प्रकृति संग कैसे
थके जन का वह मनः पीर....!
फिर तू तो श्यामवर्णी.....
नीलकण्ठी.... वर्णवाला.....
पाकर तुझको... शिव धाम में
शिव शैव्य मिलकर सभी
हर भांति तेरा समादर करेंगे
समझ स्वामी का निकट कोई
तुझे वे निज मस्तक पर धरेंगे।।

॥३७॥

ऐ मित्र,
अगर पहुंचो वहां तुम
दिवसावसान के पूर्व यदि
ठहरना... और राह तकना....
सूर्य के अस्ताचल गमन की।
धन्य करना भाग्य अपने
निज कर्म की....
मन के गति की....।
ऐ; सखे...
सांध्य आरती में
करके तुम
मधुर नभ गर्जना......
मन कामना के
कर पुष्प अर्पित
फिर करना.....
शिव के चरण की वन्दना।
मन-भावना से करके
उन्हें सब पुण्य अर्पित
करना सफल शिव साधना।
धन्य है तू.....
धन्य होंगे... भाग्य तेरे......
ऐ सुहृद, नभ गर्जना का
यह योग पाकर
होंगे सफल सब कार्य तेरे.....
शिव आराधना का
सुखद संयोग पाकर....।।

।।३८।।

ऐ मित्र! जब,
सांध्य की आरती में
नृत्यांगनाओं के नृत्य से
होगी किंकणी की ध्वनि मधुर
और रत्न मंडित
दण्डयुत चामरों के भार से
श्रान्त-वदना....
चन्द्र मुख पर,
दिखेंगे स्वेद श्रम मुकुर....।
तब, बूँद वर्षा की तेरी
अहा.... करेगी पद-नख का
स्पर्श उनके......
और वे
मनः सुख पाकर विलोकेंगी
सहज ही भ्रमर पंक्ति सी
बाकी चितवन से तुझे......।।

||३९||

धारते शिव
ताण्डवी रूप वर कर
श्रोणित-गज-चर्म
पर कहां...(?)
वह सोहता गौरी को
शिव-कटि पर.....
गज चर्म लोहित-दुकूल वर।
अतः ऐ मित्र;
जब होगी रक्ताभ सांध्य बेला
और जपा के सुमन सम
तेरे श्यामतन पर वह झरेगी
तब देख तुझको.... यूं लगेगा....
ज्यों, गीले रक्त का गज-चर्म
नभ में हुआ हो उदित....।
तुम ढांकना... निज आकार से
महाकाल शिव के......
उस ताण्डवी रूप कटि को
बनकर भुजा ज्यों वृक्ष की.....
मां गौरी के इच्छित अनुरक्ति की....।
शिव की कामना भी पूर्ण होगी
गज चर्म सम तुझे कटि पर धार के
होंगी भवानी प्रसन्न अति
अपने अन्तस का उद्वेग सारा वार के।
अतः वे प्रसन्न-वदना... मां भवानी!
कृपा दृष्टि तुझ पर वारेंगी वहीं
अलभ्य सौभाग्य का
वर देंगी अहा!.... तुझे वे महामही।।

||४०||

जब धन की सघनता से
मार्ग तम से होगा घिरा
सुई के नोंक से अभेदित
कालिमा होगी ऐसी निरा....।
ऐसे में..... ऐ,सखे!
निज पिया के संकेत पर
पिया-मिलन आतुर रमणियां
जब वे होंगी जाती
सूने पथ से......
तब नील नभ की नीलिमा में
तू श्यामवर्णी वन कसौटी
स्वर्णद्युति चपला चमक से
राह उनको तुम दिखाना
मत गर्जना...
मत बरसना...
हैं वे अति भीरू प्रकृति से
व्यर्थ में मत उनको डराना।।

||४१||

दिन-भर भ्रमण कर
संग तेरे
देखकर नगर की रमणीयता
अभिसारिका को पथ दिखाकर
होगी निश्चय... तेरी
दामिनी भी अति श्रान्ता....।
अतः तू वहीं कहीं
निर्जन महल के छत पर
जहां कपोत लेते हैं निद्रा
ठहरकर....ऐ मित्र,
रात अपनी तुम बिताना....
और फिर अगले पल
जागना... सुबह
सूरज के संग... देखना तुम्हें
अलका के पथ पर है जाना।
देखकर शोभा.... उस
अलौकिक नगर की.....
मत वहां ज्यादा समय बिताना
स्वीकारा है जो कार्य तुमने
उसे मित्र.... पूरा करके दिखाना......।।

||४२||

ऐ मित्र..... जब कभी
प्रियजन,
रात्रि अन्यत्र बिताकर
अपने घर... प्रभात में
लौटा करते
तब मान में रूठी...
पाकर प्रिया को
मनाते उन्हें
और उनके
कपोलों पर अश्रु ढुलके
स्नेह जताकर पोंछा करते।
ठीक वैसे....
सूर्य भी जब,
रात्रि में अन्यत्र रहकर
लौटता निज घर
प्रभात में,
तब मान में रूठी
पद्मिनी के कमल मुख से
ओस रूपी
अश्रु-कण वो पोंछता
इसलिए मार्ग का
बाधक बना तू....
सामने उनके पड़ना नहीं
अवरूद्ध होगा पथ सूर्य का
व्यर्थ का कोपभाजन बनना नहीं।।

॥४३॥

ऐ, मित्र! उज्जैनी के
शीर्ष पर ही
तुझको मिलेगी
गिम्भीर.... गम्भीरा नदी।
जब तू पहुंचेगा
वहां पर.... और होगी
जल बीच
प्रतिविम्बित... छवि तेरी
जिसे धारेगी
वो अपने अंतःकरण में
कुमुद सम उज्जवल....
चपल-चंचल......
मीन नैन वाली......
होकर तेरी अनुरागणी।
करेगी वो तेरा मनुहार
मन अपना वार
मित्र.... सब कुछ हारकर।
अतः तुम मन में,
धैर्य रखना....
मान रखना.....
प्रेम को स्वीकारना।
होकर हठी
मत करना प्रतिकार...
तुम व्यर्थ न...
अपने मन को मारना।।

||४४||

ऐ मित्र!
मन में मेरे स्वगत
कुशंकाये हैं जनित.....
कहीं रोक न ले तुझे
अनुरक्ति उसकी....
श्रेष्ठ- श्रृंगारिक
चेष्टाएं ललित.....
उस गंभीरा नदी की...।
तट से हरित
जल-वस्त्र
नितम्ब से परे हटकर.....
वेत-वृक्ष सम बाहु पर
उलझा हुआ सा होयेगा
डर है... कहीं....(?)
मन तेरा.... मुग्ध हो....
उसे वसन रहित देखकर
रूप के जाल में....
उलझा हुआ.... तो न होयेगा...(??)
जानता हूं.... सखे,
कान्ता के जघन की लुनाई
और उसकी प्रणयी-प्रणयेष्टा
बांधती है पाश ऐसा.....
मुक्ति की सब व्यर्थ होती चेष्टा।
इसीलिए... बचना आसक्ति से
मित्र हित.... हिय सोचकर
रखना मित्रता का मान
तुम अपने मन की शक्ति से।।

॥४५॥

जब बढ़ेगा
देवगिरि के पथ पर
ऐ, मित्र.....देखना
पवन भी तेरे साथ होगा
तू अकेला होगा कहां...?
तुझको... हरपल
अभिन्नता का एहसास होगा।
अहा... वो शीतल पवन
मंद गति से गतिमान होकर
जंगली गूलरों के
फलों को वो है पकाती.....
साथ लेकर
भीगी मही की गंध सोंधी...
स्नेह भरा स्पर्श दे जाती
वो चलेगी संग-संग
ऐ सखे.... चंवर सी डुलाती।
देखना.... तुम कैसे,
सूंड़ अपनी अधर को किये
चिंघाड़ भरते....
अति मोद मन से
पान करते उस पवन
मग में मिलेंगे मदमस्त हाथी।।

||४६||

है उस देवगिरि पर
देव सेनापति
कार्तिकेय का धाम अनुपम।
वे पूज्य षड़ानन!
ज्ञान-शक्ति के हैं समागम।
सोचकर हिय में...
देवेन्द्र की सैन्य-सुरक्षा
महाभोले कल्याणकारी
वे शिव त्रिपुरारी..... निज तेज को,
अग्नि-मुख में धरा था
गुरूतर-भार
सैन्य का करने को वहन....
कार्तिकेय को
निज मन से सभी देवों ने वरा था।
है वही देवगिरि यह,
देव सेनापति
स्कंद का धाम पावन.....
सुरूचि... सुरम्य.... मन भावन।
अतः पहुंचना जब वहां,
तजकर स्वयं का मान अपना
आकाश गंगा में तुम नहाना
जलद् पुष्प बनकर... ऐ, सखे!
जल पुहुप उनको चढ़ाना....
कराकर स्नान,
करना उनकी पूजा.. अर्चना....
बढ़ेगा मनोबल तुम्हारा
आत्मबल.... निज गौरव.... बढ़ाना।।

||४७||

करके पुष्पाभिषेक
तदनान्तर,
नभ गर्जना कर
प्रतिध्वनित करके गुफा
तुम षड़ानन के
फिर वाहन को नचाना।
देखकर.... मोदमना निज मयूर
शंभु-चंद्र-द्युति सम
धवल-नयन अति-उज्जवल
होंगे हर्षित स्कंद और
उनकी तुझ पर कृपा होगी
पुत्र वाहन मित्र समझ तुझको
देंगी आशीष....
कृपा करके मां भवानी गौरी।
ऐ मित्र,
तारागण से जड़ा मयूरपिच्छ
गिरता है जब मही पर
भवानी उसे कमल दल की जगह
निज कर्ण में हैं धारतीं....
और होकर प्रसन्न वदना
अपनी कृपा उस पर वारती।
अतः होकर प्रसन्न शिव-शिवा
तुझ पर वे अनुग्रह करेंगे
निज सुत-शिखी-सखा समझ
आशीष की वे छाया करेंगे....।।

॥४८॥

सब भांति पूजन कर
स्कंद की....ऐ मित्र,
जब तू तनिक आगे बढ़ेगा
देखकर तुझको... सहसा
कर में वीणा लिये
सिद्ध सिद्धांगनाओं का वृंद
छोड़ पथ तेरा...
भय से पीछे हटेगा।
मित्र! वे नित्य आते
मधुर वीणा सुनाने
प्रभु स्कंद को.....
वर्षा की बूँद से भीगे न वीणा
देखकर तुझको सहज भय
होगा उनके हिय को.....।
अतः तू.... जब,
छोड़े गये उस मार्ग से
बस थोड़ा और आगे बढ़ेगा
वेगमयी चंबल नदी का
पावन किनारा तुझको दिखेगा।
मत भूलना... ये सरिता वही है
जो उद्भित हुयी थी
रन्तिदेव के असंख्य गौ-मेघ से
पुण्य सलिला वो पावन अति
अतः तू नीचे उतरकर नभ से,
सम्मान देना उस धरा को.....
करना उसे सौ-सौ नमन
समझ कर रन्तिदेव की
कीरत उस नदी को.......॥

||४९||

ऐ मित्र... चम्बल नदी का
छोर है..... यद्यपि
विस्तृत बहुत.... पर,
दूर नभ से तुझे वो
अति कृशांगी सी लगेगी
कीर्ति की वह यशः पताका
नभ से ही... फहरी दिखेगी...।
ऐ सखे,
जब... तू श्यामवर्णी
होकर नमित.....
उस सरिता के
जल का पान करेगा...
तब, सिद्ध, गंधर्व, आकाशचारी को
वह दृश्य....
अचरज से भरा लगेगा।
मन ही मन
वे विस्मय भरे
स्वगत होंगे सोचते......
किसने धरा के कंठ के
मौक्तिक माल में......
इतना बड़ा नीलम जड़ा है?
कौन है...? कहां है.....??
वो गुणी..... जो,
छिपकर जाने कहां खड़ा है...?

||५०||

करके पार....
चम्बल नदी
दशपुर देश की
तुम राह लेना.....
और लता सम
विलासी तरूणियों के
वक्र -भ्रू-भृकुटि से भरे
उन नैन कटाक्षों की
तुम थाह लेना.....।
है विलक्षण... वो
चपल चितवन....
अहा... उन तरूणियों की
कि जैसे.....
फैली हो फलक में
श्वेत-श्याम-द्युति
नैनाभिलाष की...
कि जैसे..... दूर फेंके
श्वेत-कुंद-पुष्प के
पीछे चले.... कोई
पंक्ति कज्जल-भ्रमर की।।

||५१||

रवि की रश्मियां
जब उकेरें
भू पर तेरा चित्र....
तब, तू.... ऐ मित्र!
छाया चित्र से युत
ब्रह्मावर्त जाकर.....
कुरूक्षेत्र की राह गहना
धर्म की साक्षी उस धरा का
दर्श-करना.... स्पर्श.... करना...।
है वही कुरूक्षेत्र... जो,
धर्म युद्ध का साक्षी रहा है
किस तरह बरसाए
गाण्डीवधारी....
शव्य-शाची ने,
रिपु-नृपों के मुखों पर
तीक्ष्ण पैने बाण नाना
मूक दर्शक बना वो....
सत्य का आकांक्षी रहा है।
जिस तरह,
कमल के वनों में.....
करके तू घनघोर बारिश
हुआ करता है मुदमोदमना
त्यों शव्यशाची ने भी
शत्रुओं पर शर वृष्टि करके
हुआ था वह भी उद्विग्नमना।।

।।५२।।

ऐ मित्र;
कुरूक्षेत्र में ही है....
पुण्य-सलिला सरस्वती।
जब पाण्डु
अरू कुरू पुत्र को
युद्ध प्रेरित देख
बन्धु सम समझ उनको
उस वंश नाशी
युद्ध से होकर खिन्न
समर से तटस्थ
हलधर..... प्रवासी
सरस्वती के तट के हुये थे।
जिन्हें थी प्रिय
रेवती के मदिर-नैन की
अहा... वह प्रेम मदिरा
तजकर उस दुष्टजय को
सरसुती का जल
नित-पान हलधर किये थे।
अतः तू भी
पान करना.... उस
अमिय सम नीर की तरलता
निष्पाप होगा मन तेरा
होगी ज्ञान की विमलता....
भले हो तन श्याम लेकिन,
सोहती मन में सर्वदा
ज्ञान की निर्मलता।।

||५३||

कुरूक्षेत्र से प्रस्थान करके,
तुम फिर....
कनखल की राह लेना
सोहती हैं वहीं
सगर-तनय-कीर्ति,
स्वर्ग-सोपान-गंगा....।
चलीं वे,
उसी हिम शैल गिरि से
उद्धार करने इस मही पर
वेगवती... तरंग फेणी... की
माला धारण किये.....
वे प्रचण्ड धार वाली,
मोक्षदा... ममतामयी...
जन-जन पर अनुग्रह किये।
जब गौरी ने,
शिव-ललाट-स्पर्शमयी
तरंग-बाला.... गंगा को
भृकुटि-धनु के कुटिल बाण से
लक्ष्य करके विलोका था।
तब फेन सम... हास से,
शशि पकड़... तरंग रूपी हाथ से....
शिव के जटा के बीच गंगा
निज स्थान धारण किया था....
है अधिकार.... तुमसे अधिक मेरा
शिव सीस पर.... मैं शशि निकट बैठी
स्वगत हंसकर गौरी से कह दिया था।।

||५४||

जब तू,
श्यामवर्णी.....
इंद्र के ऐरावत सम
नभ से होकर
अधोमुख... अपने
पाश्र्वतन को ऊंचा किये
स्फटिक सम
शुभ्र उज्जवला...
गंगा का नीर.....
पान करने को झुकेगा।
तब उस सानिध्य में,
सलिल पर
प्रतिविम्बत रूप तेरा
ऐसा लगेगा... ज्यों,
प्रयाग के पूर्व ही
कालिंदनी..... गंगा से
हो आकर गले मिली
और कनखल में ही,
वो मनहारी
संगम की
शोभा... निराली
हो जैसे खिली।।

||५५||

मित्र आगे....
हिमगिरि की,
श्रृंग-तुंग सी
उन्नत चोटी.....
चलती वहीं से,
वो चंचला.....
हिमशैल राज की,
पावन गंगा बेटी.....।
कस्तूरी-मृगों के
गंध से..... हैं,
सुन्दर सुवासित
वे हिम शिलाएं
हिम का अकूत... अंबार ऐसा
हिममयी हो गई हैं..... शिखाएं।
देखकर बैठा तुझे,
शिखर के हिम शिला पर
लगेगा मित्र तू ,जैसे...
नंदी निज श्रृंग से
भू खनन कर....
श्रान्त होकर... हो बैठा
सींग पर अपने
कज्जली कीचड़ लगाए।।

||५६||

मत भूलना... ऐ मित्र
उस हिम प्रदेश में
बहती पवन उन्मुक्त होकर
और देवदारू के वनों मे
फैलती दावाग्नि
स्वयं प्रत्युक्त होकर....।
उन चिंगारियों से,
नील-गायों की पूंछ पर
होगी अतिशय जलन.....
दूर करना कष्ट उनका
मित्र करके कोई जतन...।
तू जलमयी....
वन अग्निमयी...
चित्कार सुनकर
पशु पक्षी..... अरु
तरू लता की....
फिर भला... उपकारी तुझ सा
चुप रहे....
कैसे... वह अनमना सा....।
अतः बरसकर ऐ सखे,
निज जल का उपयोग करना
दूर करना कष्ट उनका
ऐसा कोई उद्योग करना...।
पीड़ितों का दुख जो दूर कर दें
उत्तमजनों के शुभ गुण यही
निज धन बल का
जो सदुपयोग करते
होते वही यशः वर सही।।

||५७||

उस हिमगिरि प्रांत में
करते हैं वास.....
शरभ जाति के
हिमगिरि प्रवासी।
है गर्व उनको
निज बाहुबल का
यद्यपि मूढ़ हैं....
वे अल्पज्ञ वनवासीं।
सुनकर तेरी नभगर्जना
कदापि उनसे
सहन होगा नहीं.....
उछलकर पकड़ने का तुझे
वे करेंगे असंभव यत्न सभी।
अतः तब.....
ओला बरसाकर
तू उनको
वहां से भगाना....
मत सोचना,
है तिरस्कार उनका
व्यर्थ मत समय बिताना
मूढ़ता के यत्न पर ही
सदा जग में
होता हंसना-हंसाना।।

।।५८।।

ऐ, मित्र!
उस हिमगिरि में
एक शिला पर
शशि-धारित-शिव के
पद-चिन्ह.....
अंकित हैं वहां।
जिसे,
नित पूजते....
सिद्ध योगी यत्न से
छूटते भव बंधनों से
और पाते परम-पद
वे शैव्य गण के महां।
अतः तू भी
भक्तिवश.....
श्रद्धावनत हो
उस शिला को नमन करना
करके प्रदक्षिणा
मन कामना के.....
भावना युत पुष्प सारे
मित्र...... वहां अर्पित करना।।

||५९||

भरकर पवन
भंवर-भेदित
वेणु रंध्रो में.....
सुनाती वेणु की
वो मधुर धुन......
ध्यान-धारी.....
त्रिपुरारी..... महाशिव को।
और किन्नरियां
सभी मिल गीत गातीं
त्रिपुरासुर-वध.....
शिव-विजय-लीला के
वेणु संग
मिलाकर निज स्वरों को।
अतः ऐ सखे....!
शिव-चरण-अंकित
उस शिला के समीप
करना..... तुम,
मृदंग सम नभ गर्जना....
वेणु धुन अरू
मृदंग संग वह लगेगी
अति कर्ण प्रिय......
किन्नरियों की स्व-रचित
शिव के चरण की वन्दना।।

||६०||

हिमगिरि की
अवलोक कर तुम
वह अलौकिक दृष्यावलि
पहुंचना फिर....
क्रौंच शिखर पर....।
मत भ्रमित होना....
मत चकित होना.....
देखकर,
वो क्रौंच रंध्र....
तुम उस क्रौंच शिखर पर।
परशुराम ने
करके रंध्र वह......
कर दिया सुलभ
उत्तर दक्षिण का
वह पथ दुर्लभ.....
था जो... असहज... अलभ्य।
ऐ, मित्र उसी रंध्र पथ से
वे हंस सारे.....
मानसरोवर तक आते-जाते
कीरति परशुराम की वे
मन ही मन गुनगुनाते....।
ए सुहृद.... जब तू ....
रंध्र से गुजरेगा,
तब तेरा.... तिरछा तन....
बढ़ता आगे.... श्याम चरण
विष्णु के वामन स्वरूप सा
अतिशय सुन्दर जान पड़ेगा।।

||६१||

क्रौंच रंध्र से
निकलकर
फिर तनिक....
नभ की ओर उठकर
देखना.... तुम,
उस कैलाश शिखर को।
उठाकर उसे...
निज भुजाओं पर
था गर्व.....
अपनी शक्ति पर
उस लंकाधीश-रावण को।
वह स्फटिक मयी
कैलाश पर्वत..... मनो,
देवांगनाओं का है
दर्पण बना.....
कुमुदनी सम उज्जवल
शिखर..... सुदूर
नभ तक है तना....।
कि.... जैसे,
शिव अट्टहास....
निश दिन संकलित हो
कैलाश से उठकर
अहा....! वो....
गगन-स्पर्शी बना....।।

||६२||

वह गज दंत सम
शुभ्र कैलाश.....
तू कज्जल सम
श्यामवर्णी.....
जब तू... होगा निकट
कैलास गिरि के....
अहा! वह दृश्य होगा
कितना अनुपम...
कितना मनोरम.....
कितना सुगम.....
नयनाभिराम अवर्णीय....।
शुभ्र-सुषमित
कैलास-श्रृंग पर.....
दिखेगी ऐसी अनूठी
श्याम रंगत
वो शोभा तेरी... कि,
जैसे गौर बलराम के
कांधे पर रखा हो
श्याम रंग का कोई अंगरखा
क्या कहें.... अकथनीय होगी.....
वह अनुपम छटा चितेरी.....||

|| ६३ ||

ऐ मित्र,
तू ध्यान रखना... जब,
कैलास गिरि पर
भुजंग-भूषण.....
उमा संग हो विचरते।
हाथ से हटाकर
वे सर्प-कंकण.... यदि..
उमा का हों स्पर्श करते।
या फिर हांथ को थामे
शिवा.... शिव-संग हों विचरती
तनिक भी मत बरसना
निज जल-बूंदों से वहां....
बनकर सोपान उनके
श्री चरण अनुकूल बनना।
पाकर स्पर्श....
श्री शिव-शिवा पद का
ऐ मित्र, तू....
धन्य अपने भाग्य करना।।

॥६४॥

ऐ मित्र;
कैलास में.....
देवताओं की देवांगनाएं
हैं अति विनोदी
क्रीडामयी......।
काम के ताप से
तपी वे.....
हीरक कंकणों को
फेंककर....
तन तेरा वे वेधकर
चाहेंगी....
वर्षा जल में होना जलमयी।
यदि वे होकर विनोदी
संग तेरे...
वे करे......
ऐसी कोई क्रीडा-विनोदी
तब तू .....
घोर नभ गर्जना कर
वर्जना का भय
उनके हिय में भरे....
इस तरह उनको डराकर
ऐ सुभग,
अपना पथ आगे का वरे।।

॥६५॥

फिर देखना....
ऐ मित्र... तुम
वह मानसरोवर
अति सरस उत्तम
खिलते वहां
स्वर्ण कमल नित
कल्पवृक्ष का
वो उद्यान अनुपम।
शान्त करना
अपनी पिपासा... और,
इंद्र-गज के भाल को
निज नीर बूंदों की
श्री तुम उसको उढ़ाना।
कल्प वृक्षों के कोमल
कला युत
नव-पल्लवों को....
ऐ, मित्र,
ध्वजा सम उसको उड़ाना।
करना वहां पर
तुम रमणीय क्रीड़ा
जो मन आए और भाए....
घूमना बे रोक टोक
निज घर वहीं
अपना समझ कर....॥

||६६||

कैलास के अंक में
शोभित... वह,
गंग तरंग सम
दुकूल विचलित...
मम प्रिय... प्यारी
मम-मनहारी..
उस न्यारी नगरी को
विलोक कर.... क्या तू.....?
उसे पहचान पायेगा....?..?
नहीं... नहीं.......
तू सत्वर चतुर... अंतः भाषी
देखकर सहज ही....
तू उसे जान जाएगा.....।
हां... हां... ऐ.... मित्र,
वही है अलका....
सतखण्डी भवनों वाली
आंखों से होकर
अन्तस मन तक जाने वाली।
ज्यों, वर्षा ऋतु में.... नभ,
मेघमाला से हो आच्छादित
और कामिनी.....
तजकर..... मान अपना
पिय अंक में हो.... अंकशायी
त्यों.... अलका,
बैठी अंक कैलास के
कमनीयता से भरी वो....
अहा.... कितनी नैन-सुखदायी।।

।। इति पूर्व मेघ ।।

• 71 •

।। उत्तर मेघ प्रारम्भ ।।

2. उत्तर मेघ..

|| ९ ||

ऐ मित्र!
देवगृह-अलका मे सभी
रमणीयता में
समतुल्य तुझसे....।
हर भांति.... वे परिपूर्ण हैं
भव्यता में कहां.... वे
कम हैं तुझसे....?
इस ओर से.....
उस छोर से....
हर ओर से....
वे तद्रूप तुझसे....।
तू विद्युन्मय.....
वे सुमुखि चंचल चपलामयी
तू इन्द्रधनु युत....
वे रंग-अलंकृत तादृशी
तू गंभीर ध्वनि गर्जित...
वे वाद्य-संगीत-सर्जित
तू सजल कांतिवाला....
वे मणियुत प्रभामयी
तू नभचारी.... नभस्पर्शी....
वे मनहारी... उन्नत शिखर
ज्योतिर्मयी.....।।

।।२।।

ऐ मित्र... पुष्प अलका मे
उपलब्ध रहते.....
श्रंगार हित सर्वदा।
यक्षणी के कर में कमल
अलकों में सोहती
कुमुदनी की छटा.....।
लोध्र पुष्पों के चूर्ण से
करतीं निर्मित लेप वे....
और लगाती
निज मुखों पर....
रहती जिससे,
स्वर्ण सम
कांति वाली उनमें प्रभा....।
वेणी में कुरवर सुमन
कर्ण शिरीष के फूल से
श्रृंगारयुत वे... मोहती,
मोहनी सी उनकी अदा।
जब होगा वहां तू
बरसात होगी....
ऋतु होगी सुहावनी,
कदम्ब के फूलों से
सजी वे..... लगेगी
प्रणय की देवी सर्वथा।।

||३||

वहां हर ऋतुओं में
ऐ, मित्र!
पुष्पों से रहते वृक्ष लदे
और अनुगूंज...
भवंरों की,
कूँजती रहती है सदा।
कमल से युत सरोवरों में
हंसों की वो पंक्तियां....
किंकणी सी मधुर ध्वनि
करती रहती हैं सर्वदा।
भवनों में पले
मयूर भी....
चंद्रिका-युत पिच्छ से
भरपूर रहते सर्वथा।
उत्कंठा से भरे
नित आनन्दवशी हो....
उच्चारते....वे
केका' शब्द सा।
रजनी शशि प्रभावती हो
रहतीं वहां पर
अतिउज्जवला.....।
कृष्ण पक्ष की
रात्रि में भी रहती
खिली-खिली सी... अहा!
यत्र-तत्र...
सर्वत्र.... शीतल चंद्रिका।।

||५||

होती नहीं है मित्र!
अलका-वासियों को,
शोक-संताप की
कोई वेदना।
मात्र आनंद....
और आनन्दवशी हो
डबडबाती....
आंख उनकी
झरते अश्रु नैनों से वहां।
न रोग कोई...
न शोक कोई....
काम की बस... काम की
केवल उनमें पिपासा....
और रहती मन में सदा,
गान औ' नृत्य की
बस इक.... अभिलाषा।
भेंटते..... वे,
मिलकर गले
निज स्वजन से... बस
मोद से...
संताप से....
मोद केवल... मोद उनमे
प्रमोद उनकी वृति है।
क्रीड़ा-कलह...
संयोग-वियोग होते
रूठना-मनाना...
फिर मान जाना....
नित्य का,

उनका यही कृत्य है।
राग के अनुराग से
प्रणय के अनुभाग से
सिर्फ रूठतीं हैं कान्ता
अनुनय से... विनय से...
अरू प्रणय से...
मानना... उनको मनाना
है लक्ष्य उनका.... और
उनकी यही प्रवृति है।
जीत ली है उम्र सभी ने
सब तरूण हैं.....
वे अरूण से....
यौवन उनकी वयः संधि है
रहते स्वस्थ सभी
तन से... मन से...
धन की.. वहां.... कहां कमी है....?
जब चाहा.....
मनचाहा अतिरिक्त है।
आशा-अभिलाषा....
काम-पिपासा...
उनके जिज्ञासा की परिभाषा
पढ़ते केवल पाठ
वे इतना... इतनी ही
उनकी जीवन वृति है।।

||५||

ऐ, मित्र...!
स्फटिक-मयी
छतें...... वे
अलका के भवन की
रहती सदा स्वच्छ,
अति उज्जवल....।
और,
उन पर प्रतिविम्बित
छवि....
तारा गणों की
लगती,
ज्यों बिछे हों....
अगणित कांति वाले
पुष्प धवल....।
बैठते हैं....
नित्य यक्ष,
कांता संग वहीं
और कल्पतरू के
रवि फलों की.....
करते पान मदिरा,
सुनते...
मृदंग की थाप....
मन में भरे,
वे... भाव निश्छल।।

॥६॥

होतीं हैं....
यक्ष की कन्याएं
स्वरूपा... रूप बाला....
सौम्य....
सुन्दर... अति-सुगढ़।
रहते ललायित....
उनसे संयोग के हित
स्वर्ग के भी देवता,
उनके रूप की...
अलिखत... पुस्तक पढ़।
वे कांति-बाला....
यक्ष-जा...
शीतल भवन सी
अनुभूति भरती
कल्प तरू की छांव में
मुट्ठियों में भरकर
रत्न मणियां.....
छिपाती उनकों
मंदाकिनी के
स्वर्णिम रेत में.....।
फिर... खोजती उन्हें,
करतीं ठिठोली.....
वे सभी बस
आपसी खेल-खेल में।।

।।७।।

विम्बफला सम
रक्ताधरा...
कामोन्मयी...
कांता के... जब,
अधोवस्त्र...
खींच.... विलग करता
कांत.... चपल कर से।
तब वो,
विवस्त्रा....
अंगोद्दीपन भय से
लज्जामयी हो.......
भरकर,
कुमकुमि चूर्ण
अपनी मुट्ठियों में,
फेंकती वो....
रत्नमणि दीप पर...
करने को,
आभा लुप्त उसकी...।
लेकिन व्यर्थ का होता
यह प्रयास उनका
भला होती कभी...?
विलुप्त प्रभा
रत्नमणी प्रदप्ति की।।

||८||

ऐ मेघ!
अलका के सतमाला भवन में
शीर्ष शोभित...
चंद्रशाला की वीथिका में
लगे हैं अनेकों चित्र मनोहर।
जिन्हें पवन प्रेरित,
बादल करके प्रवेश
बिगाड़ते... वे
निज जल कणों से भिगोकर।
फिर चातुरीवश
धूम्ररूपी रूप वर कर
भयभीत से.... वे भागते
जालियों से चुपचाप निकल कर।
जैसे कोई... राजगृह में
करके अपराध और
राज-भय से
भयभीत-मना....
निज चातुरीवश,
धरकर अन्य अपना वेश
गुप्त पथ से.... भागे ज्यों
चुपचाप वो सहमकर....।।

||९||

ऐ! मित्र; भवनों के
झरोखों में.....
झूलती-चिकों की
डोरियों में.....
और यक्षों के पलंगों के
सिरहाने पे.....
पिरोयी चंद्रकांता-मणियां
इस तरह से.....
कि, वे स्पर्श पाये
चंद्रकला का
हर तरह से.....।
जब, पिया के पाश में
पाशित..... कांता,
सुधबुध खोई....
सोई..... अभिसार श्रम से,
होकर जब..... अति-श्रांता।
तब, अद्‌र्धरात्रि में
चंद्र की चंद्रिका का
स्पर्श पाकर.....
मणियों से शीतल
जल कण है टपकता
जो सहज ही....
सुरत जन्य श्रम हरता
और अगले ही पल
उनमें सुरत हित
फिर नया उत्साह भरता।।

||१०||

ऐ, मित्र
अलका के वासी सभी
अक्षय-सम्पदा....
अतुल-सम्पत्ति के
हैं स्वामी सभी.....
वे करते निज इच्छा से
व्यय-द्रव्य....
प्रेमाभिलाषी यक्षकामी सभी।
देव गणिका को
वे संग लेकर......
चैत्ररथ उपवन में
प्रकट करते प्रेमाभिलाष
और किन्नरों को साथ ले
करते आनन्द-विहार....
और कुबेर का यशो गान
मोद मन में भरे साधिकार।।

||११||

काम से उद्दीप्त....
अभिसार की कामना से
आतुर सी...
सकुचाती सी...
बेगवती अभिसारिका।
जाती हैं.... जब... वे,
रात्रि में....
अपने प्रिय से मिलने।
तब अलक से झरे
कल्प-पुष्प....
वेणी से टूटकर बिखरी
वे मोतियां....
कानों में शोभित,
स्वर्ण कमल के पत्र....
टकराकर स्तनों से हार
टूटकर बिखरे रहते
यत्र-तत्र....
और.... वे....
कहते कथा प्रभात में
अभिसारिका के मन के
भाव की...
पिय-संयोग के आतुर
चाह की...
काम के अनुराग की...
रात्रि के सौगात की...
बिन कहे..... हुयी
सौ-सौ बात की......।।

।।१२।।

अलका पति कुबेर के,
ऐ मित्र;
शिव हैं उनके अभीष्ट
अलका में,
है उन्ही का वास
यक्ष सभी
उनके चरण के दास।
शिव ठहरे...
रति-पति के रिपु,
इसीलिए, वे वपु....
भयवश हैं चुपचाप
कभी न संधानते
निज.... भ्रमर प्रत्यंच-चाप।
जानते हैं वे,
शिव का रोष....
हुये थे भस्मवत्...
स्वगत... मन में... ये सोच।
फिर भी.....
अलका की... चातुरी वनिता
संधानती,
वे नित..... भृकुटि धनु पर
दृग कटाक्ष के बाण.....
बेधती प्रेमी- हृदय के प्राण
अहा!.... बोलो,
प्राण को फिर कहां है त्राण।।

||१३||

जो कर दे... मदिर
मद भरे नैन,
ऐसी वो मदिर मदिरा....
फिर करतीं कामना
निज श्रृंगार हेतु
वन विकसित,
पुष्प-पत्र....
नाना.... आभूषण...
और वस्त्र.....
कमल सम चरण हेतु
महावरी रंग चटख....
अंगराग अगणित....
लेप अरू प्रलेप बहु....
जो बढाए,
लावण्यता रूप की।
पातीं क्षण भर में,
वे सभी कुछ....
कल्प तरू से करके याचना
सिद्ध करतीं...
वनिताएं वहां की
अपने मनोरथ
करके मनः कल्पना....
ऐ मित्र!
स्वतः होती प्रकट वो
सहज उनकी अभ्यर्थना।।

||१४||

करती निवास.....
जहां मम प्राण प्यारी
होगी वहां आशा की
प्रतिमूर्ति सी वह....
करती अहर्निश मेरी प्रतीक्षा।
वह होगी सुनती
सब की बोली.....
हाय...! मेरी वो अबोली....
कहां कर पाती होगी प्रकट
अपने मन की वो ईच्छा।
ऐ मित्र..... तुझको मैं,
निज निवास का परिचय करा दूं
सारे स्मृति चिन्ह तुझको सूझा दूं
जिससे करनी पड़े न
व्यर्थ कोई.... तुझको चेष्टा।
यक्षपति के महल से,
जब तू उत्तर में बढ़ेगा....
इन्द्रधनु सम रत्न-मंडित
वो द्वार.... मेरे भवन का
दूर से ही तुझको दिखेगा।
और उसके सन्निकट है
एक नन्हा कल्प-तरू.....
जिसे पुत्र सम स्नेह देकर
मेरी प्रिया ने पाला उसे
हांथ से ही फूल चुन ले
है अभी छोटा.... बहुत,
लेकिन बहुत पुष्प वाला सखे।।

||१५||

ग्रीष्म ऋतु में.....
जल क्रीडा के लिए
इक बावड़ी भी
है वहां पर....।
मरकतमयी,
मणि-शिला युत....
सोपान की सुषमा मनोहर।
वैदूर्य मणि सम नाल वाले
खिले होंगे.... अहा.....!
स्वर्ण कमल अति सुन्दर।
बावड़ी के स्वच्छ जल में
हंस... अभी भी होंगे
तैरते.... वे... विचरते.....।
यद्यपि,
मानसरोवर.....
है अति सन्निकट..... लेकिन,
तज बावड़ी का नीर निर्मल
वे वर्षा ऋतु में भी
जाते नहीं,
कहीं अन्यत्र उड़के......।।

||१६||

उस बावड़ी के किनारे,
हार सम....
स्वर्ण कदालियों की
वृक्षावली से...... घिरा
तुझको दिखेगा....
एक क्रीड़ा गिरि शिखर...
शोभित अति सुन्दर प्रखर......
नील मणियों से
जड़ा वो,
रमणीय अति....
इक कृत्रिम गिरि है।
मोहता... मन,
सब का सहज
मेरी प्रिया को,
वह बहुत प्रिय है।
ऐ सखे;... जब,
मैं देखता हूं तुझे
चपला युत.... तादृशी.....
तब, उस कृत्रिम गिरि की
याद.... बहुत आती है मुझे......
उस शिखर पर,
प्रिया संग एकान्त क्षण की
वे मधुर स्मृतियां....
हाय! कितना विह्वल
बना जाती है मुझे.....।।

॥१७॥

उस क्रीड़ा गिरि के
निकट ही है....
पुष्पों की वाटिका में
कुरवक की बाड़ियों में
चमेली का इक
सघन कुंज....।
और उसके अति समीप....
अशोक...
सुरूमुई पातों से युक्त
अहा... मनोहर कांति वाला....।
ऐ, मित्र!
मौलश्री का भी वहीं पर है
एक वृक्ष.... घना सुन्दर पात वाला।
जो मम कांता के.... पद-प्रच्छालित
जल का स्पर्श पाकर
विहंसता.... और
फूलों की सुषमा से रहता लदा।
और वह अशोक....
मुख प्रच्छालित मदिरा से
फूलता बिन ऋतु के सदा....।
जैसे मैं अभिलाषित
कांता के मदिर मुख का
उसके कोमल-चरण
और गात के स्पर्श का
त्यों दोनो होंगे तरसते.....
इक पदप्रच्छालित जल का
दूजा मुख कुंजल
मदिरा के सुख का......॥

||१८||

उन द्वय वृक्षों के
मध्य सोहती
चैकी इक,
स्फटिक मणि वाली....।
मन लुभाती शोभा उसकी
वह कितनी अनुपम
अहा... कितनी है निराली।
स्वर्ण ढले हैं पाये उसके
पन्नों से... वे जड़े पड़े हैं
हरित वेणु की,
अनुकृति उनकी....
जैसे नभ दर्शन हेतु
दर्पण लिए खड़े हैं....।
होती.... जब सांध्य बेला
आकर नित बैठता
उस चैकी पर
तेरा सुहृद....
वो.... मयूर-नीलकंठी!
तब... मेरी कांता,
नूपुर सम निज ध्वनि से
देकर हथेली पर ताल अपने
ऐ सखे;..... उसको है नचाती।।

||१९||

तुम ध्यान करके
याद रखना....
वे पूर्व वर्णित चिन्ह,
सभी मेरे निवास के।
द्वार पर उकेरे
शंख चक्र की कृति.....
पहचान लेना
बिन प्रयास के....।
ऐ मित्र, यद्यपि
कमल बहुत रमणीय लेकिन
सूर्य को देखे बिना,
कब अपनी मुस्कान वो बिखेरे।
ठीक वैसे..... कमल जैसे....
होगा भवन भी श्री विहीन
बिना स्वामी के निवास के.....।
अहा;..... तब मेरी प्रिया,
खोजती थी नित नया कारण
अकारण.... उत्सवी प्रयोजन का
और किया करती थी
भवन में.....
आए दिन नया आयोजन।
प्रेम का... सौहादर्य का...
हर्ष के प्रमाद का.....।
तब कितना उत्सवी,
प्रमुदित, आल्हादित....
मेरा भवन... श्री शोभा युत
आनंदित... सबसे अलग
दिखा करता था वो

अब वहीं....
कांता संग बना वियोगी
अनुत्सवी सा...
विरह की स्तब्धा से
घिरा होगा.....अहो!

||२०||

डूबी विरह में
मम कांता.....
देखकर सहसा गज सा
तेरा विशाल स्वरूप.....
भयभीत न हो जाए कहीं ?
अतः ऐ! मित्र;
होकर संकुचित तुम
गज सुवन सा
आकार वरना सत्वर वहीं.....।
प्रवेश करके द्वार से
कुछ क्षण ठहर कर
उस क्रीड़ा शैल शिखर पर
थकन अपनी तुम दूर करना
मत देखना..... उसे तू...... हाय!
चपला युत चपल चितवन से।
अवलोकना.... ऐ मित्र!
जुगुनू सम मंद अपनी
चपला दृष्टि से......
मेरी उस श्रान्ता को....
हाय! मेरी कान्ता को....।
है अति भीरू.... वियोगनी...
सुध-बुध खोई..... भवन में बैठी....
शोक से घिरी.... वह मेरी प्रिया....
शायद देखकर तुझको
पा जाएगी.... सांस थोड़ी
मत बुझने देना तुम.... सखे,
उस भोर के बुझते दिया को।।

||२||

यदि; दिखे
तुझको वहां.....
कोई दाड़िम सम
दन्त मुक्ता.... वाली
कृशांगी... श्यामा....
विम्ब फल सम,
अधर वाली.....
मृगनैनी... क्षीण कटि....
गह्वर नाभी...
स्थूल नितम्बा.....
गज गामिनी सी,
मद भरी चाल वाली....
स्तन भार से
झुकी कामनी,
कमनीय.... कांति वाली......
है वही.... वही, मेरी प्रिया...
विधि रचित...
प्रथम वनिता..... मन भावनी...
हाय... वो स्मित मुस्कान वाली।।

||२२||

हां, वही है... वही है... मित्र!
मम कांता... मित भाषणी....
हृदयेश्वरी... वियोगनी.....
विहरणी... मम जीवन-संगनी।
स्वप्न में भी.... न कभी जिससे
दूरागति रही.....
वियोग की पीडा.... हाय!
उसने कैसे होगी सही....
क्या करूं मैं...(?)
निरूपायित.... अब ये दूरी
कहां मेरे वश की रही....।
हाय... देखो कैसे ?
बिछुड़ी चकोर से
उसकी चकोरी...
होगी वो कितनी दुखीं
कितनी अकेली...
आतुर सी... कातर सी....
बिरह के ओलों से प्रताड़ित
कुम्हलायी कमलिनी सी....
होगी दूर बैठी... तज कर
अपनी संगी-सहेली।
रूप की लुनाई उसकी
अब कहां... शेष होगी
अति उज्जवला सी कांति भी
बिरही आंसुओं से घट गई होगी
हाय! शाप की अवधि ये
बन गयी कैसी पहेली.....।।

||२३||

नैयनों के पपोटे
होंगे सूजे....
रात दिन के
अश्रुपात से.....
वियोग के उच्छवांस से....
सांस के उत्ताप से....।
अधरों ने भी
तज दिए होंगे.....
रक्तता... निज स्निग्धता....
हो गए होंगे... हाय!...
वे भी रुखे... कितने सूखे....।
बिना संवारी....
लटें अलक की
मुखड़े पर होंगी फैली
हाथों पर टिके.....
उस शशि मुख पर
जैसे..... घिरे मेघ ने
पूर्ण चंद्र पर डाली हो
दीन आवरण की बदली।।

।।२४।।

ऐ मित्र!
वह करती मिलेगी....
देवताओं की अर्चना
और उनसे
विनयी प्रार्थना....।
पिय मिलन की संजोए
मन में नई नित कामना।
या फिर.....
मेरी व्यथा दशा का
अनुमान करके.... होगी वो
विरही... चित्र उरेखती....
और जब.....
स्मृतियां मन में बसाये
उन पूर्व बातों को
होगी वो पटल पर उकेरती....।
बार बार अपने.... ढुलकते
अश्रुओं को होगी.... वो पोंछती
और सहसा तजकर चित्र.... अनुकृति
करके विनोदी.... अपनी प्रकृति....
पिंजरे की सारिका से
होगी फिर पूंछती...
'अरे तू तो... है उन्हे अति प्यारी
क्या कभी याद.....
उनकी तुझे भी है सताती...?'
और स्वतः वो.... अश्रु बहाती
बतियाती.... उस स्वर साधिका से
होगी रूठती... स्वयं को बहलाती।।

।।२५।।

या फिर पहिने
मलिन वस्त्र.....
गोद में वीणा धरे
नाम का मेरे
पद रचकर कोई....
वो उच्च स्वर से
होगी गाना चाहती....।
लेकिन...
नैनों से निसृत
उन अश्रुओं से....
होगी वीणा भीगती....
हाय! कितने कष्ट से
वह अपने आंसुओं को
पोंछकर होगी
उनको सुखाती....।
और व्यतिक्रम से
सहसा भूलकर
सुरों का क्रम....
बस एक ही पंक्ति
होगी वह,
बार-बार दोहराती।।

||२६||

अन्यथा होगी.... वह
द्वार पर बैठी....
वियोग की
अवधि गिनती.....।
देहरी पर चढ़े पुष्प
एक-एक कर...
गिनकर....
धरा पर होगी धरती।
या फिर,
उन्मीलित पलक से
ढक अपने नैन को
सुरत-सुख की,
होगी वह....
विषय.... कल्पना करती..।
क्या करें...
वे विरह रमणियां
बस सोचकर
उस रमण सुख को...
अपने मन को
यूं ही वे झुठलाती।
आकुल व्याकुल....
सहज भाव से,
वे निज मन को... बस
यूं ही हैं बहलाती।।

||२७||

ऐ मित्र;
करके देव पूजा
या फिर
चित्र वीथिका में
काटती होगी दिन
सप्रयास.... सहसा...।
पर सोचता हूं ,
रात की स्तब्धता में हाय!
उसके मन की व्यथा....।
पिया बिन.... उनींदी
वो बेचैन मना...
तजकर सेज
भूमि पर होगी....
लेटती वो सर्वथा...।
अतः देखना तुम,
शयनागार की
खिड़कियों से....
उस विरही....
मेरी प्रिया की व्यथा...।
देकर क्षेम-संदेश मेरा
त्राण देना....
नव प्राण देना... मित्र तुम,
कुछ सोचना मत अन्यथा।।

||२८||

हाय कृशांगी...
कोमलांगी.....
वह मेरी प्रिया!
विरह की पीड़ा समेटे
पत्र-शैया पर.....
दिखेगी.... तुझे वह,
एक करवट लेटी....।
ज्यों कृष्ण पक्ष की
निशा में,
चतुर्दशी शशि की कला
नभ के.... प्राची छोर पर....
हो रेखावत उरेखी....।
जब था,
मेरा उसका साथ....
कैसे बीतती थी रात....
हुआ कब प्रभात.....
कहां किसे था ज्ञात....
लगती थी सौगात....
अहा! वो हर रात न्यारी।
अब नहीं.... वो बात....
करे रात आघात.....
बने न मन की बात...
लगती वह युगों से भारी।
अब इतनी सी है बात
बिगड़ गयी हर बात
वो करती अश्रुपात
विरही बिचारी...
अहा! मम प्राण प्यारी।।

||२९||

जब जालियों से झांकती
चंद्र की चंद्रिका
पहुंचती थी......
शयन के सेज पर।
और संग सोई
मेरी प्रिया को
चुपचाप वो थी दुलरती।
अब देखकर
उस चंद्रिका को
जालियों से झांकते
पूर्व स्मृतियां....
मेरी प्रिया को.... होंगी
मन मे कितना सताती।
विरह के आंसुओं के
बोझ से भारी पलक को
उन्मीलती... सी
होगी वह चुपचाप लेटी
न सोती सी... न जागती।
जैसे कमलिनी
रवि आभा विमुख
अधखिली... सी
स्वयं को मनुहारती।।

||३०||

होगी अंगराग औ
लेप से विहीन वो
उसे केश वेश की
कहां ! सुधि होयगी।
निरा नीर के स्नान से
रेशम सी अलकावलि
बिखरी... वो लटों में
रूखी सूखी सी होयगी।
निःश्वास के ताप से
सूखे अधर पे हाय!
झूमती सी लट एक
झूलती कपोल पे होयगी।
सांस के उसांस से
विरह के अनुताप से
गुत्थी सी गुथी वेणी
कहां सुलझी होयगी।
चाहती वो अहर्निश
एक पल की नींद बस
पलकों को ढके वह
कहां सोई होएगी।
नींद भी उनींदी हो
आंसुओं के धार बही
डर के चुपचाप वह
उस पार पैठी होयगी।
विरही.... बिचारी....हाय!
जली विरह के ताप में
खोयी खोयी सी आप में
कहां चैन से वो होयगी।

स्वप्न का सुख भी
लिखा नहिं भाग्य में
असहाय सी लगे वो
निरूपाय बैठी होयगी।।

|| ३१ ||

प्रेम की दिवानी वो
प्रेम के रंग रंगी
गूंथी थी चोटियां
बड़े मनोयोग से।
केश - विन्यास हाय!
लतिका सी चोटी वो,
कहां..? खुली होएगी
शाप के पेशोपेस में।
गुंथी गुंथी गुत्थी सी
आपस में उलझी वो
कैसें सुलझी होयगी
वियोगिनी के वेश में।
उलझनों सी उलझी
लटें झूलती कपोल पे
नख से हटाती उन्हें
वो अपनें केश वेश में।
नख-क्षत होंगे हाय!
रुखे सूखे से गाल पे
कहां..? गुनती होयगी
वो अपनें ही क्लेश में।।

||३२|

धारती आभूषण हाय!
सुहाग के चिन्ह के
अन्य और कहां
वह ज़ेवरों को धारती।
न बैठती है......
न लेटती है.....
विचिलित से भाव लिए
सुधियों को अपने
वो आंसुओं से वारती.........।
धार-धार रोती... है
बस रोती ही रोती है
शैया में चैन कहां
कहां वो सोती है।
झील से नैन गहवर
सागर सम हुये, हाय!
पलकों की सीपी में
आंसुओं का मोती है........।
दीन से भी दीन वह
वसन से मलीन वह
तन में है भार कहां
मन का भार ढोती है
भावुक है मन तेरा
जाने न तेरा मेरा
कितनें है ऐसे और
औरों का कष्ट देख
आंख जिनकी रोती है.....।
जितनी ये व्यथा कथा
उतनी ये शेष और

जाने न कोई हाय!
अन्त कहां होयगा
भाग्य का रचा देख
विरहणी की दशा देख
तू भी जार-जार रोएगा....।।

।।३३।।

जानता हूं; ऐ सखे!
वह कितना स्नेह मुझ पर वारती।।
हर पल उसका
साथ रहा है
तन-मन
धरा-आकाश रहा है
हर कदम पर था साथ उसका
हर-मोड़ पर था हाथ उसका
प्रेम की प्रतिमूर्ति है वह
अपने मन का अनुराग सारा
मुझ पर है वारती।
जानता हूं ऐ सखे!
वह कितना स्नेह मुझ पर वारती।।
प्रथम विरह की
यह विष-बेला
छूटा साथ
मन हुआ अकेला
इसीलिए अनुमान कर
दुख उसका कहा है
बस उतना ही कहा है
जितना उसने दुख सहा है
सांसों की है वो साध्य मेरी
अपनी सारी साधना
मुझ पर है वारती ।
जानता हूं ऐ सखे!
वह कितना स्नेह मुझ पर वारती।।
प्रकट कर निज मन भवना
गर्वोक्ति में नहिं कथन मेरा

बस सत्यता की ये याचना
देखना स्वयं, सब कुछ वहां
मित्र से मित्र की है प्रार्थना
है प्राण मेरे प्राण की
वो अपने प्राण
मुझ पर वारती
जानता हूं; ऐ सखे!
वह कितना स्नेह मुझ पर वारती।।

||३४||

काजल रहित
मद भरे नैन.... तजकर
अपनी मदिर स्निग्ध-
कांति को........
विरह ताप में जलकर
वे भृकुटि विलास सुख
होंगे भूलें......
विरहणी की... अलक लटें भी
उलझी सी झूलती
करती अवरोध....
उस कटाक्ष-दृष्टि का
जो नैनों से करके प्रवेश
सहसा हृदय को छू ले।
पाकर तुझे... सन्निकट
फड़केगी.... आंख बांयी
जैसे.... सरोवर में......
मीन की गति से
सहसा कमल कोई डोले।
शुभ शकुन सोचती
मन में विचारती.....
क्षण भर का सही।
बेचैन मन को अहा..!
कुछ तो चैन हो ले।।

||३५||

नेत्र के संग-संग
स्फुरणमयी होगी
कदली स्तंभ सम
गौर वर्ण जंघा...
वाम-अंग का....।
नख-क्षतों से
विहीन वो.....
होगी श्री विहीन...
खोकर... हाय.. वो,
काम की सम्पदा।
पायल भी...,
गुम सुम सी....
होगी कहां डोलती ?
रखी... अन्य आभूषणों में
कैसे वो बोलती....??
जो सुरत के अन्त में
पाकर स्पर्श कर...
सुख की अनुभूति भर
बोली... जब, बोली तो....
अनबोली... बोली बस... बोलती।।

||३६||

ऐ मित्र!
मम कांता.... होगी,
यदि निद्रा में...
मत जगाना उसे
कदाचित,
तुम.. गर्जना करके।
शांत रहकर
प्रहर भर... फिर,
समीप बैठना उसके
चुपचाप.... मौन धरके।
शायद.... वो,
स्वप्न में..... ही
समागम-अनुभूति कर
प्रियतम के गले में
डाले हो हार...
अहा!अपनी बाजुओं के....।
कदाचित,
सोई हो.... वो मित्र...!
प्रिय के मिलन की
मन में कल्पना कर के।।

||३७||

स्वप्न में खोई.... सोयी
उस मेरी प्रिया को..
शीतल पवन का
स्पर्श देना.... और फिर,
तुम... उसको जगाना।
नव कली सी... वह,
मालती की....
जब वो... होकर-
प्रफुल्लित,
भवन के झरोखे से....
तुझे चपला रहित
वो एकटक हो देखती
तब... करके...
गंभीर गर्जना...
अभ्यर्थना से भरी... मेरी-
याचना.... उसको सुनाना।
है वो, माननी....
पर पुरूषों से,
कदाचित... मिलती नहीं
और अचानक
कुछ भी.... वो
कहतीं... सुनती नहीं।
अतः ऐ मित्र!
तू उसका मान करना
सम्मान करना... और
अपना परिचय बताना।।

||३८||

ऐ सौभाग्यवती!
मैं हूं... तेरे प्राण पति का
मित्र प्यारा,
मैं अपने साथ लाया
तेरे प्रियतम का...
स्नेह-भरा संदेश न्यारा।
प्रथम परिचय... स्वयं का
मैं अपना करा दूं....
मैं मेघ हूं... तू भाभी मेरी,
मैं तुझको जता दूं।
मेरी नभ गर्जना...
प्रवासी पुरूष को,
निज निकेत लौटने को
बाध्य अक्सर किया करतीं।
उत्कंठित रमणियों की
वेणियों की गुत्थियों को,
खोलने का...
श्रम साध्य किया करती।
मत समझना तुम मात्र,
संदेश वाहक मुझे....
मैं हूं..... जग का-
जगताधर... जलधर....
विरहणियों का हितकर...
मानना... अपना साथी मुझे।
तू तो... है मेरे मित्र की कांता
और फिर,
मेरी निज भाभी लगी
कैसे देखूं.....? मैं तुझको दुखी

इसीलिये... संदेश लेकर
आया हूं..... मैं पास तेरे
तू है मेरी... मेरी अपनी भाभी
जो मुझे....
औरों से ज्यादा अपनी लगी
सुन ले... ध्यान से तू
शायद... क्षणिक..... हां... क्षणिक ही...
सुख दे सकूं..... मैं तुझको
धन्य समझूंगा.....
मैं स्वयं अपने भाग्य को
पल भर के लिए.... एक पल ही सही
देखकर अहा....! हर्षित तुझको।।

||३९||

ऐ मित्र;
सुनकर वह बात तेरी
उत्कंठित वो प्रिया मेरी
होकर प्रफुल्लित,
अति चाव से....
स्नेह अरू विश्वास से
देखेगी वो.....
नैन भरकर तुझे।
जैसे पवनसुत को,
राम का प्रिय जानकर
जानकी ने
उनको विलोका था कभी
उल्लास से... विश्वास से.....।
और वह होकर एकाग्रचित
संदेशा मेरा सुनेगी....
मित्र मुख से पाकर,
निज कांत की कुशलता
सहज मन में चुपचाप
अपने वो गुनेगी.....।
फिर वो मान देगी
तुझको निश्चय बहुत
बार-बार मुझको सुनेगी
बार-बार तुझको टोकेगी
आंसू बहाती....
करके अपनी बंद आंखे
मेरी अन्तदशा को..... अहा!
बिन बोले.... वो पहचान लेगी।।

॥४०॥

ऐ मित्र! वियोगनी
मेरी उस प्रिया को
प्रथम तुम,
मेरे कुशल-क्षेम का
संदेश देना......
और,
आकुल-व्याकुल
उसके हिया को
त्राण देना.....।
फिर बताना,
पति तेरा...
आश्रम में रामगिरि पर
है..... वो कुशल से।
होकर तुझसे वो,
विलग विचारा.....
आतुर अति वह भी,
तेरे कुशल क्षेम से।
ऐ सखे...!
जन्मना और मरना....
काल के हाथों नियत
इसीलिए,
प्रथम कुशल संदेश में है
सुख की सारी...
उपलब्धि-संयत।।

॥४१॥

है विधाता ही विमुख
जब पति से तेरे...
बोलो तुम ही... कुछ तो बोलो
क्या करे वह... कैसे करे..?
आगमन के पथ हैं सारे
अवरूद्ध उसके...
शाप के सांकल से
बंधा वह... विवश अति
कुछ कर न सके... वह क्या करे..??
जिस तरह से तू वियोगनी
उसांस भरती... और
विराहग्नि में जल
हुयी कृशांगी...
उत्कंठित हो.... याद में
अहर्निश आंसू है बहाती।
ठीक इस भांति; वह भी
निःश्वास भरकर...
संतापित... कृश तन से
गुजरती...... अहा! उसकी....
मनः विरह वेदना.... नित
नैनों के नीर से है नहाती।
अतः होकर... वह तादृशी,
सर्वदा मन से तुझसे मिला
क्या करे.... वह निरूपायित
अन्य जतन... कुछ कर न सका।।

||४२||

जब वह था.... समीप तेरे
और अपनी... सखियों से
हमेशा घिरी रहतीं थी तुम।
फिर भी कहता...
ऐ प्रिये... जरा कान लाओ,
गूढ़ है ये बात....
इसे बस कान में सुनना तुम।
इस तरह वह,
तनिक भी...
कभी भी.....
स्पर्श का अवसर खोया नहीं।
अहा! वही..... आज तेरे,
मुख... वैन... नैन...
तन के स्पर्श से.....
हत्भागी.... दूर इतना
कि; वह बेचैन होकर....
कई दिनों से सोया नहीं।
उसने रचे हैं.....
होकर उत्कंठित..... गीत अनेक
कहलवाए हैं मुझसे.... सुन,
दत्त चित्त हो उनमें से तू एक।।

||४३||

ऐ प्रिये
अतिलालसा मन में मेरे है
देखने को
वह रूप लावण्यमयी....।
क्या करूं ?
देखकर तादृशी वस चिन्ह कुछ
शान्त करता
आवेग मन के भावनामयी....।
किन्तु फिर भी
सर्वांग सौन्दर्य
एक संग कब मैं देख पाया।
यदाकदा बस,
तुझसा प्रतीक
कोई.... सहसा
कभी-कभी है नज़र आया।
श्यामा लता में
दिखती प्रिये,
तव अंगों सी समता बहुत
लेकिन;
रहती किसी मे
स्निग्धता....
या फिर किसी में
कोमलता.... बहुत....।
हां....! लगा करती है प्रिये;
भयभीत हिरणी की
बड़ी-बड़ी वो चंचल सी
तुझसी आंखे काली.....
पर कहां हमेशा दिखती

वो भी मतवाली.....
सहसा मन भरमाए
ऐसी छवि.... निराली।
क्या कहूं... कैसे कहूं... मैं
तुझसे अपनी विवशता...?
पूर्णिमा का चंद्रमा जब,
बादलों के ओट होता
हाय! तब मैं.... विवश सा
तेरे मुख के.... कांति की
कल्पना से भी विमुख होता।
मयूर के पंखों में....
तेरी अलक विन्यास का
तादृशी कुछ आभास होता;
लेकिन वो भी कहां सदा
निज पंख से भरपूर रहता।
नदी के..... सूक्ष्म जल तरंगों में
तेरी भृकुटि विलास
की रहती तादृश्यता..
जिसे मैं अक्सर.... नित
अवलोकता रहता....
लेकिन... पवन के संयोग का
वह योग भी
बस..... कभी-कभी है मिलता।।

||४४||

ऐ प्रिये
तेरे वियोग से
अपने मन को
समझाने को....।
प्रेम मे रूठीं
मानिनी को
मनाने को....।
जब भी शिला पर
गेरू से.....
मैं चित्र तेरा बनाता
और.....
चरण पर बैठा.... मैं
स्वयं को दर्शाता।
वरवश,
आखों से विरह की
पीर बहती....।
अगले पल,
नैन से दृष्टि भी
सहसा....
ओझल रहती।
क्या करें...?...हाय!
विधिना भी है
कितना निठुर....।
कहां भाता उसे
चित्र में भी,
तेरा मेरा साथ मधुर।।

||४५||

हृदयेश्वरी;
जन्मती अभिलाषा
मन में बार-बार....।
स्वप्न में ही
हो जाए मिलन
तुझसे.... हर बार....।
आता जब कभी
वह अवसर
आलिंगन का तेरे
और मैं;
नभ की ओर... शून्य में,
जब बढ़ाता
निज बांह के घेरे।
देखकर....
मेरी दशा वह,
थका-थका सा
मुझको हारा....
वनदेवियां भी... होकर दुखी
स्वतः वे आंसू बहातीं....
उस मोती सम
अश्रुकण से,
वृक्ष की नव कोपलें
अक्सर भींग जाती।
ऐ प्रिये,
उन भुजा में होता
शून्य का आभास मुझको
और स्वप्न भी है...
टूटकर... सहसा,

बिखर जाता.....।
हाय! संयोग का,
वह सुखद.... अवसर
हर बार.... जाने क्यों
हांथों से मेरे
जैसे हो फिसल जाता।।

||४६||

ऐ प्रिये!
जब पवन;
हिमगिरि से;
देवदारू के.....
कोमल तनों को तोड़कर
सुगंध की....
सुषमा समेटे
रामगिरि की ओर आता
तब मैं....
हाथ फैलाकर
बड़े चाव से...
उसे बांहों में समोता।
सोचकर... ऐ हिये!
शायद....
उत्तर दिशा से
आया पवन ये....
तेरे अंग का
स्पर्श लिए हो....।
कदाचित;
इसी बहाने....
तव-गात-स्पर्श का
सुख..... मुझे हो....।।

||४७||

तेरे वियोग की व्यथा में
रात दिन..... मन मेरा
व्यथित रहता ऐ प्रिये।
कितनीं करूं मैं
प्रकट तुझसे...
अपने मन की
आकुलता तुझसे प्रिये।
ऊषा काल से लेकर
संघ्या तक की बेला,
और..... रात का
वह तम अकेला.....
कहां चैन से
रहने देता.... बिन
संत्रास के मुझको प्रिये।
कहां है.... संभव
रात्रि के बारह पहर...
पल में कट जाए भला
दिन भी मंदातप
होते नित सदा....
अनहोनी की मन में
उठती नित कल्पना
और रहता
चित मेरा विचलित प्रिये।
क्या करूं... कैसे करूं.... मैं,
मन शांत अपना...
उपाय कोई... कहां... कब
कुछ सूझता मुझको प्रिये।।

॥४८॥

ऐ मनभावनी!
करता कल्पना मैं नित
नाना भांति मन में...
तुझसे समागम की प्रिये।
शाप की अवधि बीते
बस धैर्य देता....
सहज मन को,
रूप तेरा नैनों में लिये।
करूणाजनक है
हाल मेरा.....
मत करना तुम
चित्त-विचलित... अपना प्रिये।
मत दुखी होना....
मत धैर्य खोना....
साथ देना,
तुम सदा..... ऐ मेरी हिये।
कब संसार में
सुख दुख एक सा
सबका रहा है....
दोनो पहिये रथ के
सदा वो घूमते रहे हैं
जिस तरह दुख
हमने उठाए.....
होगा सुख भी तो कभी
क्या होगा उचित....
दुखी होकर के रोना
कष्ट से भरे दिन के लिए।।

॥४९॥

ऐ प्रिये! लक्ष्मी पति
देव विष्णु.....!
अषाढ़ की,
शुक्ल एकादशी से....
कार्तिक की,
शुक्ल एकादशी तक....
शेष शैया पर
वे हैं शयन करते।
अब टूटने को है
योग निद्रा.... बस,
चार मास ही हैं शेष बचते।
किसी तरह अब,
आंख मींचकर....
शाप की है
ये अवधि बिताना....।
और फिर;
शरद ऋतु की
चांदनी में होगा....
अपना वहीं ठिकाना।
पल रही हैं
इस विरह काल में
कामनाएं..... जो,
मन में हमारे....
पूर्ण होंगी,
निश्चय सभी वे
लौटेंगे फिर से,
वही.... दिन हमारे।।

||५०||

ऐ मित्र,
मेरा यह संदेश देकर
फिर,
उसे तुम धैर्य देना।
विश्वास मन में
उसके जगे... यह,
गुप्त बात भी
उससे तुम कह देना।
एक दिन जब,
वह मेरे गले में.....
अपनी भुजा का हार डाले
सो रही थी।
तभी देखा अचानक!
वह चुपचाप बैठी
मुंह छिपाए रो रही थी......।
पूंछने पर कारण हमारे
मुस्कुराकर,
वह थी बोली....
स्वप्न में देखा है मैंने
अन्य रमणी संग
तुम्हें करते ठिठोली।
बोलो तुम्हीं.... असह्य देख,
कैसे भला... मैं,
इसे सह पाऊंगी.....
स्वप्न मे ही हो भले
मैं तो सोचकर ही
हाय! बस मर जाऊंगी।।

||५१||

विश्वास कर तू
मेरी कही....
उस गुह्य बात पर
रामगिरि में है,
उनकी पूरी कुशलता।
काल महाबली भी
कहां.....?... कभी
इतना..... छल करता।
मन ध्यान देना
मत सोचना....
लोक चर्चा के आघात को।
लोग अक्सर कहा करते
घुमाकर.... हर सीधी बात को।
सोचो ज़रा...
क्या प्रेम को भी....
कभी दूरी है घटाती ?
यद्यपि, होगी सही बात ये
जब... कभी, सहज-
लगाव की होगी बात आती।
लेकिन जहां,
मन- अन्तस से है प्रेम होता
और दोनों का.....
हृदय भी बस एक होता।
तब मिलन की आश.....
अनुराग में है वृद्धि करता
प्रेम होता नित गाढ़ा
इस बात को है सिद्ध करता।।

।।५२।।

ऐ मेघ.... मेरे मित्र!
उसे..... देकर
मेरा संदेशा....।
शोकाकुल.... विरही
मम-कांता को,
धैर्य देकर....
त्राण देकर....
लौटना फिर,
तुम....
उसी हिमगिरि से
करता खनन,
नित नंदी....
निज श्रृंग से....
जिसके शिखर को।
मत लौटना केवल
संदेश देकर.....
साथ अपने स्मृति के
कुछ चिन्ह लाना।
भेजे हुए..... कुशल संवाद के
अमिय को सींचकर
ऐ सखे.... प्रातः खिली
उस नव-कुमुद सी,
आतुर.... मेरी प्रिया के
प्राण को... तुम बचाना
आशा के किरण की
इक-ज्योति... ऐ सखे,
उसके मन में जगाना।।

||५३||

ऐ सुहृद!
क्या तुमने...?
मित्र का कार्य,
स्वीकारा कहो...?
चुप से तुम्हारी
मुझे नहीं...
तनिक शंका अहो!
मैं जानता हूं....
चातकी को
जल देकर... तू ही
उसे नव जीवन,
दान देता.....
बिन कहे...
बिन गर्जना के,
ऐ; उदार चेता...।
जानता हूं.... मित्र;
जो है दाता... वो,
याचक का मनोरथ
बिना कहे ही
स्वयं... वो पूर्ण करता।
आशा की पूर्ति में....
कब...?... भला... वह,
किसी को प्रतिवचन देता।।

||५४||

ऐ सुहृद! तू,
अमात्य इंद्र का...
प्राणाधार जगत का।
करे कार्य,
तू.... मेरे दूत का
है अनुचित यह सर्वथा।
यद्यपि; मैनें तुझको
मित्र है माना...
सहज मन से,
अपना जाना....
विनय भाव की
तुझसे... मेरी यह याचना।
विरही यदि,
मानो तुम मुझको...
तो भी सुनना... मेरी प्रार्थना।
चाहे दया भाव ही
मुझपर... लाकर....
मेरा यह संदेशा देकर...
फिर चाहो तो,
केकी के मधुर कूक में...
हार-वद्ध...
वकुल-पंक्ति में....
जामुन... केवड़े और
कदम्ब के,
फूले फले.... घने वनों में....
इंद्र धनु की आभा लेकर
मन-चाहा.... विचरण करना।
मैं हूं कातर

विरह-वियोग से
देव करे....
इस भांति तुम्हें
कभी.... पड़े न कष्ट उठाना....।
हर-पल चपला...
होवे संग जुम्हारे
होकर भी दो 'मैं' 'मैं'
कभी न बनना
बनकर रहना
सदा 'हमारे'
मेरी यही कामना
तुमसे,
फूलो.. फलो.. सदा खुश रहना......।।

।। इति उत्तर मेघ ।।

।। तदनन्तर ।।

3. तदनन्तर

यक्ष का संदेश लेकर....
मेघ फिर उड़ चला।।
पर्वतों को पार करके
वनों का श्रृंगार करके
नदियों का मनुहार करके
विरही का ताप हर के
इक नया संचार भरके
मेघ फिर उड़ चला।।
देख उज्जैनी नगर को
अट्टालिका और महल को
महाकाल के परम धाम को
रमणियों के सपन में
राग का नव रंग भर के
मेघ फिर उड़ चला।।
कुरूक्षेत्र के धर्म- धरा को
सरसुती की धवल धार को
निरख के स्वर्ग सोपान गंगा
नीर निर्मल पान करके
कनखल को पार करके
मेघ फिर उड़ चला।।
उलझकर हिमगिरि शिखर में
मानस झील के नील जल में
चंदन की भरकर गंध मन में
शिव को नमन करके
कैलास को पार करके

मेघ फिर उड़ चला।।
पहुंचकर अलका नगर
यक्ष का संदेश देकर
यक्षणी का ताप हरकर
मित्रता का मान रख के
अलका को विदा कहके
मेघ फिर उड़ चला।।
अहा..... वो,
यक्ष का संदेश देकर....
मेघ फिर उड़ चला......।।

-- पूर्णति --